Michael Batz

Von Herzen, mit Schmerzen?

Liebesbriefe der achtziger Jahre

Rasch und Röhring Verlag
Hamburg–Zürich

CIP-Kurztitelaufnahme der Deutschen Bibliothek

Von Herzen, mit Schmerzen?: Liebesbriefe d. achtziger Jahre / Michael Batz. — Hamburg; Zürich: Rasch und Röhring, 1986.
ISBN 3-89136-056-8
NE: Batz, Michael [Hrsg.]

Lektorat: Doris Brohn
Einbandgestaltung: Studio Reisenberger
Satzherstellung: alphabeta Gerds & Kohn GmbH, Hamburg
Druck- und Bindearbeiten: Clausen & Bosse, Leck
Printed in Germany

Inhalt

Liebe Leserin, lieber Leser!

Von Herzen, mit Schmerzen,
über alles, gar nicht.
Kinderreim

Die Briefe dieser Sammlung sind echt, und das bedeutet mehr als journalistische Authentizität. Sie wurden im Zustand »wirklicher Liebe« oder kurz danach geschrieben und von ihren Empfängern meist auch erhalten. Diese »Liebe« geben sie weiter an Sie, die Sie die Briefe jetzt in den Händen halten. Ohne eine entsprechende Zutat auf Ihrer Seite bleibt von diesen Texten, gelesen oder vorgelesen, nur ein Schatten ihrer Kraft, ihres Wertes, ihrer eigentlichen Existenz. Aber selbst dann haben diese Briefe als Dokumente einer bestimmten, einmaligen, unwiederholbaren »Liebe« für uns Außenstehende eine Dimension, die unerreichbar bleibt. Den Respekt davor soll zunächst die selbstverständliche Anonymität der Veröffentlichung zum Ausdruck bringen. Darüber hinaus gründet sich der Respekt in dem Gedanken, daß das Ereignis der »Liebe« mehr ist als ein gesetzlich geschütztes, bürgerliches Persönlichkeitsrecht: Es ist immer noch mehr als alles, was man darüber sagen kann. Andere Zeiten kannten dafür das Wort »Mysterium«, Geheimnis, und dieses Geheimnis wurde nicht selten offen behandelt – jeder konnte es wissen. Heute wird es, außer auf dem Skandalmarkt, diskret und sorgfältig verborgen – es geht niemanden etwas an. Wir Heutigen leben in der erschöpfenden Sorge vor dem

Verlust des letzten für jeden erreichbaren Zaubers, des einzigen Ortes, wohin nur das ausgewählte Du folgen darf. Es wäre für *Leser* freilich zuviel verlangt, alles von der unmittelbaren An- oder Abwesenheit der »Liebe« abhängig zu machen. Die Texte, meine ich, sind auch als solche interessant, stellen sie doch eine sehr junge, variationsreiche und gegenwärtige Fassung dieses uralten Themas dar. Sie sind ursprünglich nicht für die große Öffentlichkeit geschrieben worden und beanspruchen keinen literarischen Status. Aber sie bilden, zusammengenommen, einen mit Spuren, Nachrichten, Situationen und Gesten gefüllten Raum, der eine spürbare Wirkung, eine Substanz hat, und sie laden ein, der »Liebe« selbst nachzusinnen. Oder, der Vergleich der Briefe mit kleinen, eigenwilligen Teppichen sei gestattet, ihr nachzufliegen.

Natürlich bildet bereits jede eigene Sammlung von Briefen, jede Schatulle, jeder Aktenordner, jedes Päckchen mit einem roten Schleifchen einen solchen charakteristischen Raum, der bei Gelegenheit betreten wird, voller Erinnerung meist und selten ohne widersprüchliche Gefühle. Männer und Frauen sind wegen meiner Nachfrage oft genug in ihrer Vergangenheit versunken und konnten in einigen Fällen erst jetzt damit abschließen. In anderen Fällen ergab sich die Einsicht, daß noch nichts zu Ende war.

Gesucht habe ich stets nach Fotokopien ohne Namen und möglichst ohne Absender. Das Steckbriefliche ist nicht interessant; ob es nun der Hugo in Flensburg ist oder die Frieda in Konstanz, was soll's, und die Originale gehen ohnehin nur die Liebenden selbst etwas an. Für die einen ist dieses Papier eine Jugendtorheit, für andere Fetisch und Relique, die einen bleibenden Besitz bedeuten und allein durch die Berührung etwas von dem Glanz, dem Wunder, dem Abenteuer zurückzaubern.

Mir ging es darum zu erfahren, wie und was Menschen heutzutage schreiben, wenn sie sich »lieben«. Dieses Interesse, das letzten Endes auch aus einer »Liebe« entstand, wurde bei der Recherche von vielen Leuten unterstützt und geteilt. Denn sowenig eine »Liebe« austauschbar und wiederholbar ist, sosehr ist doch – altes, schönes, bestürzendes Paradox – jede einzelne »Liebe« auch die von allen anderen. In dieser Angelegenheit ist nun mal jeder ein Kenner von Grund auf, und ein neugieriger dazu. Selbst diejenigen, die entrüstet auf die unantastbare Intimität solcher Dinge verwiesen, begehrten unverhohlen, fremde Briefe zu lesen: sie zu öffnen, öffentlich zu machen.

Die Öffentlichkeit der »Liebe« ist der (zuweilen imaginäre) Dialog. Die Liebenden erklären sich gegenseitig; alles weitere um sie herum existiert nicht, solange die »Liebe« existiert. Nicht sie sprechen, die »Liebe« spricht aus ihnen und gibt ihnen sowohl Mut als auch die Möglichkeit, etwas mitzuteilen, was sie sonst nie sagen könnten. Ob es sich nun um einen prickelnden Reiz des Augenblicks, eine Identität, eine höhere Realität oder einen Lebenssinn handelt – plötzlich ist all dies da. Es ist für alle Menschen erregend, in einen solchen Dialog einzutreten, selbst in einen fremden – weil es ihr eigener sein könnte.

Der Dialog, so selbstverständlich er für die Innenseite der »Liebe« ist, ist für viele Liebende gleichwohl eine harte Qual, und das liegt nicht nur an dem Umstand, daß Gewißheit und Eindeutigkeit oft bloß von kurzer Dauer oder einseitig oder nicht immer ganz zu haben sind. Ihnen, den unter dem Eindruck des Zaubers Schreibenden, Wartenden, Leidenden, fällt nichts ein, die Alltagssprache ist zu banal, die Differenz zwischen Gefühl und Ausdruck unerträglich. Sie ringen mit Lächerlichkeit und Sprachlosigkeit, und es hilft ihnen nichts, daß die Körper, der Tanz und die Musik der »Liebe« stets näher standen als die Sprache. Für die heutige Pop-Kultur ist dies geradezu Gesetz. Voyeure laben sich bevorzugt und mitleidlos an solcher Pein des

Sagens, im Theater und Kino ganz offiziell, vielleicht weil sie selbst am meisten davon betroffen sind. Und selbst den Akteuren im Theater fällt es leichter, die miesen Schurken zu geben, Haß und Aggression zu zeigen, anstelle der so unendlich schwierigen »Liebe«. Denn die ist so manches Mal ein kurzer, harter Wahn in Raum und Zeit und macht aus Menschen Narren, Idioten des Glücks, wie Nietzsche sie nennt. Wer sich zu seiner »Liebe« vor Nichtliebenden bekennt, läuft stets Gefahr, verspottet zu werden, und der Ausdruck, die Hosen herunterzulassen, zielt auf solche demütigenden, verletzenden, verhunzenden Umstände. Die meisten Zyniker waren vorher besonders leidenschaftlich Liebende.

Anvertrauen kann man sich also nur verläßlichen Mit-Wissern: Freunden, Eltern, Mitreisenden, völlig Fremden. Neben diesen persönlichen Vertrauten standen schon immer öffentliche Experten der praktischen Lebenshilfe. Ihre Anstands- und Sittefibeln mit den moralischen Musterbriefen sind zwar ebenso wie die klassischen Benimmregeln aus der Mode gekommen, es gibt sie aber immer noch, besonders mit konfessionellem Hintergrund.

Die industrielle Version dieser Lebenshilfe geht simpel von dem aus, was man landläufig und gedankenlos-verklemmt unter einem Liebesbrief versteht: ein albernes, blödpickeliges, knalliges Gänseblümchen — Traktat; die Geschenkindustrie liefert dazu den bekannt peinlichen, kitschigen Standard-Süßstoff, den man nicht mal mehr selbst schreiben muß. Es gibt ihn fertigfabriziert in den Schnickschnack-Läden, die für jede Situation die passende Nettigkeit führen. Längst werden fertige Formularbriefe angeboten, in die von der hauptsächlichen Zielgruppe, den Jugendlichen, nur noch die jeweiligen Tanjas, Nicoles, Stefanies, Marcusse einzusetzen sind. Der Rest ist die verniedlichte, aber im Grunde brutale Nichtliebe von Kuscheltierchen, die dann auch als Emblemfiguren herhalten müssen.

Die Leser selbst ziehen mit. Die Möglichkeit, sich öffentlich über eine Kleinanzeige zu grüßen, ohne die Privatheit zu verlassen, hat eine inflationäre Attraktivität gewonnen. Der Kontaktanzeigenmarkt, auch der nichtgewerbliche, explodiert. Die öffentliche Bekanntmachung, die früher dem so wichtigen und einmaligen Datum der Eheschließung vorbehalten war, steht heute jeder momentanen Stimmung und Laune, oft kostenlos, zur Verfügung. Zuweilen werden ganze Korrespondenzen über solche Anzeigen launig, skurril, vor aller Augen und doch getarnt, abgewickelt. Vielleicht ist dies schlicht Exhibitionismus und Wichtigtuerei; vielleicht ist es aber auch Sehnsucht nach einem größeren Austausch, nach Ausbruch aus der Privatheit, die man nicht hat wählen können und mit der jeder allein fertig werden muß.

Nein, es wird nicht nur noch telefoniert, trotz aller Unkenrufe von Kulturbesorgten. Es werden auch nicht bloß noch Ton- und Videocassetten ausgetauscht. Die Telekommunikation hat die Briefe, eine der ältesten Ersatzhandlungen, nicht verdrängt, sie allerdings kürzer und flüchtiger gemacht. Als der verschwiegene Dritte ist der Brief nach wie vor wichtig, als sinnliches Geschenk, als Probe und Entwurf für etwas, das immer ein Wagnis ist, das stets ein Risiko ist, eine ekstatische Gefährdung, selbst wenn man nur mal so zusammen »geht«.

Der Brief nimmt den Zweifel und die Unruhe auf, mit seinen zum Glück begrenzten Mitteln, und bewahrt davor, ganz ins Leere zu fallen; er ist eine vierte Wand auf der Bühne der Liebenden, die in der Abwesenheit des Geliebten, der Geliebten leben müssen. Sein Geschenk besteht darin, allzu große Direktheit meiden zu können. Sein Raum ist leer, es ist alles denkbar und sagbar. Wünsche und Imaginationen stehen vor einem manchmal größeren Horizont als die Beziehung selbst. Er verlangt Raum und Zeit, in denen sich die Mitteilung formen kann. Beides

muß heute regelrecht reserviert werden, wodurch der immer noch meist handgeschriebene Brief beinahe die Qualität von Luxus und besonderer Gültigkeit erhält. Und nicht zuletzt kann man, wovon jeder schon dankbar Gebrauch gemacht hat, einen Brief schreiben, aber zurückhalten. Diese Gnade kennt das gesprochene Wort nicht.
Viele Briefe in diesem Buch reden *über* die »Liebe«, über die Schreibenden und die Umstände. Andere versuchen, besonders zu Beginn der Beziehung, die »Liebe« gewissermaßen *selbst* sprechen zu lassen. Die Prosa wird verlassen, die Texte werden musikalisch, rhythmisch, poetisch, optisch, berauscht von Bildern, Assoziationen und Inspirationen. Hier macht sich der Zeitbezug deutlich bemerkbar. Privatsprachen und -codes habe ich dabei nach Möglichkeit herausgenommen, weil sie schwer nachzuvollziehen und zu speziell sind.
So stilbildend, wie Rilke für andere Generationen gewirkt hat, haben für die siebziger und achtziger Jahre offensichtlich Hollywood, die englische Sprache und Pop-Kultur gewirkt. Aber so, wie die Genres immer nach der »Liebe« gehen, gehen die Liebesbriefe eben nach den Genres. Der deutschen Sprache wird, was die »Liebe« angeht, oft mit Mißtrauen begegnet, und dies nicht nur aus blinder Bejahung angelsächischer Unsentimentalität. Auf bewährte Metaphorik wird reichlich zurückgegriffen, sie wird aber auch verändert, spielerisch umgangen, bewußt abgelehnt; und selbst ungeliebt scheint in deutschen Landen niemand mehr Interesse daran zu haben, händeringend in den blätterlosen Wald zu gehen, um neben traurigen Rehlein weinend zu sterben.
Die Härte, Klarheit und Obszönität, aber auch die Schönheit und Leidenschaft vieler Briefe sind ein Schlag gegen die Produkte des lieblosen Geschmacks, das Schickliche und leicht Verkäufliche der Industrie, gegen den Trend zur Verkleinerung aller Dinge und die neue Biederkeit. Es sind

ernst zu nehmende Zeugnisse von ernstgenommenen Beziehungen, Texte erwachter und erregter Menschen, die sich mehr als nur Kitsch zu sagen hatten. Zuweilen taucht in ihnen ganz offen der unvergleichliche, surreale Moment auf, die kleine Revolte, die Ekstase inmitten des großen Kabinetts von Macken, Ungeschicklichkeiten, Zufälligkeiten, Ängsten, Verwirrungen, Irrtümern, Unfreiheiten und Alltäglichkeiten: »Liebe«.

Alle Männer und Frauen, die mir ihre Briefe anvertraut haben, haben sich dazu und zu mehr als nur Privatheit bekannt. Ihnen danke ich sehr. Ich danke aber auch denjenigen, deren innerste Gefühle es nicht zuließen, Herzensbriefe herzugeben, und die trotzdem für mein Anliegen viel Verständnis hatten.

Aus etwa 400 vorliegenden Briefen des gesamten deutschsprachigen Bereichs habe ich die zirka 180 Texte und Textauszüge dieses Buches ausgewählt und nach den Stationen einer Liebesbeziehung zusammengestellt. Auswahl und Reihenfolge wurden letztlich subjektiv festgelegt, wie es in einer nichtrepräsentativen Sammlung wohl erlaubt ist. Alle vorkommenden Namen sind erfunden, viele Texte sind lediglich aus Platzgründen gekürzt worden. Bei Verfassern, die nicht Deutsche sind, ist das Herkunftsland angegeben (zusätzlich DDR). Es handelt sich sowohl um Studenten und Touristen wie auch um Asylanten mit deutschen Lieben.

Auf Interpretationen und Kommentare möchte ich verzichten, denn die Briefe sprechen für sich, ihre Situationen und Hintergründe. Ebenso erspare ich mir die so beliebte Blütenlese oder die Aufzählung von Kuriosa. Für Sprach- und Zeitkritik gibt es vielleicht Kriterien und Richtung – aber wie für gefühlte Karussells und Achterbahnen?

Ich wünsche Ihnen viel Freude in diesem alten, neuen Raum der »Liebe«.

Ihr Michael Batz

Zauber, Traum, wir zwei

Wenn ich schreiben könnte, die Feder treiben könnte,
ein schwarzer Fluß
im weißen Papier.
Dieser Fluß, der fließt zu dir.
Mir fällt nichts mehr ein.
Kann es sein, mir fällt nichts mehr ein.
Liebe . . .

Mein lieber . . .
Was macht es, daß Dein Brief, den ich gestern bekam, mich so verzaubert hat? Was macht es, daß mich den ganzen heutigen Tag über eine so unerfahrene Zuneigung zu Dir ergreift, daß ich nach Dir schreien möchte in den Worten, die nur vor Dir zu realisieren sind?!—
Ach, . . . ist es die Ahnung des eigenen Ich, sind es Wunschträume, die zum ersten Mal als gelebt erscheinen in Deiner Person? Ist es die Erfahrung des doch Möglichen, der stille Zuspruch, der mir Antrieb gibt . . ? Mein Buch, meine Heimat, mein Mensch, mein Leben, mein Baum, mein Kleinod und meine erlebte Weite — heute habe ich alles gesehen und — ich denke — gewonnen für immer. Es ist ein heißes Glück in mir, ziellos und also still, eine Kraft, die ich ausstrahlen fühle und deren Reflexion mich neuerlich nährt.
Das ist Dein Brief mit Deinen Gedanken, die es mir rätselhaft erscheinen lassen, daß wir uns nie gefunden haben in dieser Offenheit, diesem lachend bekennenden Selbstverständnis, diesem ruhigen Vertrauen. Wieviel Zeit haben wir vertan an Einerlei und Irgendwen auf der Suche nach täglicher Nahrung! Ach, . . .!
Was ist, wenn sich die Scheinwerfer kreuzen? Heben sie sich auf in ihrer Wirkung? Verdoppeln sie sich? Liegt der Kern dann frei wie eine Urkraft . . . So viele Fragen . . .
Lebe wohl, . . ., ich hab Dich lieb um Deiner Worte willen.

♥

Kisses, friendship (England)
love + thanks from . .
Sleep well and wake better
Mach es gut!
Ich freute mich zu wissen das es gibs so ein Mensch wie du an Planet Erde!

Liebe . . .
am Ende dieser langen Reise von Triest über Pisa, Grossato nach Südfrankreich und (morgen früh) zurück, will ich wenigstens noch bestätigen, was ich (pluralisch) sagte, als wir uns verabschiedeten – mit einem altmodischen Ausdruck sagte: daß ich in »angenehmer Gesellschaft« gewesen sei. Das sollte ich »vielsagend« so stehen lassen, aber ich kann es nicht.
Vielleicht war es der Mond mit dem Abend- oder Morgenstern auf einem schwarzen Smokingjackett, vielleicht waren es die Jeans dazu, vielleicht . . . es war jedenfalls ein bißchen (ein bißchen?) Zauberei dabei, die übrigens gefährlich für mich ist. Die Fetische, die ich nannte, versuchten sie (sich) zu »erklären», womit sie aus der Welt geschafft wäre.
Kann es sein, daß Ihre Augen etwas schräg geschnitten sind? Darf man so was überhaupt noch sagen? Fragen? Jedenfalls waren sie es, als Sie auf dem Balkon der Villa unter meine Augen traten, und ich hörte Sie sagen: »Sie sind also aus Triest?« (oder ähnlich).
Ich hätte auch viel kürzer schreiben können: Ich würde Sie gern wiedersehen (und weiß doch gar nicht, ob Sie desgleichen werden wollen mögen).
Wer weiß auch, ob uns die Götter günstig sind. Sie sollen ja zudem alle gestorben sein, so daß kein Gebet je mehr erhört werden kann. Schade!

Ihr . . .

♥

Verpaßt, sprach die Zeit zur Liebe, zeigte auf das Zifferblatt der Uhr. Und die Liebe mußte einsehen, daß es mal wieder 17 Uhr war. Die Liebe wischte sich eine Träne aus dem Auge und ging hoffen.
Für Dich, von Dir – der Einfluß oder Liebe.

Ich habe deinen Sonntagsbrief erhalten und wünsche, du wärst jetzt hier. Der Duft von italienischem Gemüse läßt alte Bilder tanzen.
Meine ganze Sehnsucht / ungebrochen / zausende Winde wiegen / reifes Korn / du mein Palmkätzchen im Frühlingslicht / mit meinen Händen schützende Muschel die rauhen Winde abzuwehren / blaue Blume meiner Hoffnung / du bist so leicht zerstörbar / wie die Tiefe(Liebe?) / in der Maserung des Tisches / erkenn ich dich unruhige Maserung.

♥

Liebste fast Unbekannte (in dieser Reihenfolge) –
ich werfe mich, ohne mich wiederzuerkennen, auf diese große weiße Fläche, die viel zu groß ist, auf der ich mich verirren werde – nur um Sie irgendwo zu finden, wo Sie sicher gar nicht sind –
Sie sehen, ich phantasiere! Es ist schon ein recht seltsames Unterfangen, einen Menschen anzusprechen, den man fast nicht kennt. Aber das geht ja seit Jahrtausenden so und scheint sich nie zu ändern.
Und trotzdem werde ich das Gefühl nicht los, als wären Sie mir schon sehr lange sehr nahe. Verzeihen Sie, daß ich mich dazu versteige, das hier aufzuschreiben, zittriger als ein Teenie, aber es brennt mir auf der Seele. Als ich Sie zum ersten Mal sah, damals bei F. im Studio, bei den Aufnahmen zu diesem kleinen Werbespot, inmitten all dieser Lächerlichkeit, da war mir plötzlich klar, daß wir uns kennenlernen werden.
Dieser Brief ist nur ein vielleicht bescheidener, womöglich altmodischer Anfang dazu. Leider hat des Schicksals geheimer Bote bisher noch keine Notiz von meinen Gedanken genommen. Mag sein, daß ich bisher für Sie Luft war, ich hoffe trotzdem, daß Sie meinen Wunsch, Sie zu sehen, verstehen und respektieren und – erfüllen können.

Ich werde in den nächsten Tagen anrufen und hoffe, Ihr Herz ist dann auf der Sonnenseite dieser Welt.

Bis bald, ungeduldig

♥

Wie verdreht die Zauberin die Hände – der alte Trick:
Am Anfang ist innen nichts
und
das Ende ist nie außen.
Ihr Auge zwinkert wie im Scherz.
Blätter und Konturen flimmern mir davon, es wird diesig und regnet fast.
Der Busch verschwimmt –
Kleines Spiel für dich, . . . , und *nur* für dich, mein Schatz.
Ich hab Sehnsucht nach dir. Es geht mir gut. Ich komme im Traum wie noch nie.
Ich möchte deine *Lippen* küssen!

♥

Meine liebe . . . (Österreich)
wir ziehen uns aus, weil wir dumm und primitiv sind. Wir trinken Rotwein, weil wir antriebsschwach und degeneriert sind. Wir lassen das Licht an und die Vorhänge offen, weil wir schamlos und gleichgültig sind, oder auch bloß zurückgeblieben. Wir hören Musik, wir hören sogar zu, rauchen im Bett und gucken zu, wie es draußen dunkel wird. Weil wir unkreativ und entschlußlos sind. Wir sagen nicht viel, weil unsere Kommunikation gestört ist.
Dann fallen wir übereinander her und fassen uns an und machen die Bewegungen, die uns gefallen. Wir drehen uns und drücken uns und verteilen kleine üble Bisse. Das bringt Streit, wir geraten uns in die Haare, die Haare werden feucht, das Feuchte wird groß, wir kriegen eine Gänsehaut. Wir trinken noch mehr Rotwein, weil wir perspektivlos sind. Vielleicht müssen wir uns gleich noch einmal

anfassen und Brust an Brüste legen, kleine Zungen und lange Finger machen. Wenn sich die Beine öffnen, liegt das daran, weil wir zuwenig gelernt haben. Wenn wir dann zusammenfließen, ist freilich von all dem, was wir sind oder nicht sind, nichts mehr da.
Die Haut ist naß, die Haare sind zerzaust, die Gefühle tanzen ihren Mückentanz, der Bauch fühlt sich schwerelos an, oder auch nicht, oder der Kopf ist schwerelos, oder die Ohren, oder die Füße, irgend etwas wird schon schwerelos sein.
Weil wir nicht mehr zu retten sind.

Gruß an die Endzeit,
in Liebe

♥

Du und ich stiegen zum Wasserfall, nasse schwarze Pfade, ein Dunst wie Brautschleier. Und ich sah deine Beine vor mir den Berg hinauf, dicht vor mir dein Gesicht, deine Augen, deine Narben, und die Zeit war stehengeblieben. Oder ging ganz langsam durch den Wald und ich starb vor Angst im Wasserfall.
Mach doch. Und du hast gemacht.
Charlotte, auch genannt Carlo, auch genannt Lotti, sagt: »Gib mir eine Chance.« Sie ist jung und lieblich, sie entschuldigt sich ständig. Ich habe fünfmal mit ihr gegeigt.
Ich habe nichts zu tun, die Liebe macht nicht klebrig. Schöne Liebe, heiße Liebe, warme Liebe, liebe Sonne. Ein Zimmer voller Clowns.
In Italien sitzen wir am frühen gelben Morgen in den Fenstern und hören. Wir lehnen uns mittags und abends gegen kühle kalkige Wände. Wir haben braune Arme und braune Beine. Jeder seine. Wir spazieren über die Dächer und legen uns hin, wo es uns gefällt.
In der Türkei gehen wir über weite Lehmfelder. Harte weitflächige Lehmlandschaften, verkrustet und rifflig.

In Frankreich fahren wir die Rhône hinauf. Teils auf dem Fluß, teils am Fluß entlang. Das Wasser im Fluß macht nicht durstig wie das im See. Flußwasser macht leise, macht Ohren. Das Wasser im See mächtig durstig. Das Wasser im Meer mächtig sehnsüchtig für die Augen. Aber den Fluß fahren wir hinauf, auf dem Wasser und auf einen hügeligen, buschigen Waldpfad entlang.
Dann bist du da.
Mach doch.

❤

Den Frauen aus härteren Zonen habe ich geglaubt. Dir glaube ich: das Setzen Deiner Hände und Blicke und die Geduld von gestern.
Arbeit nenne ich mein Denken an Dich.
Manchmal schenke ich Dir frisches Obst oder eine kleine Schaufel Porzellan vom Mittelstand in mir.
Gelegentlich leisten wir uns, unsere Ansichten zu beschriften. Das macht bangen Spaß.
Du aber und ich, wir sehen uns jeden schlechten Tag, und manchmal ist das gut.
Du sitzt unter einem blauen Schirm und zählst Deine blauen Küsse. Wer wird schon schlau aus so blauen Frauen?
Ich gehe Luft einkaufen und schwere Schritte.
Bitte drück mir dafür die Augen.
Übermorgen schaue ich sicher wieder rein. Und bleibe doch bei Dir.

❤

Küß mich nicht. Warte noch. Noch bin ich nicht ganz ausgezogen.
Ich hab das Rollo runtergelassen und das Telefon ganz leise gedreht. Alle Kerzen brennen, auch die kleine grüne aus Italien.

Ich hab deine Platte aufgelegt. Es ist still. Die Kerzen werfen Schatten an die Wand und die Decke. Manchmal sehen sie aus wie zwei Figuren, die sich verfolgen. Dann tanzen sie. Dann stehen sie ganz ruhig, und es passiert gar nichts.
Jetzt liege ich nackt auf dem Bett. Meine Hände gehen auf Reise.
Küß mich.

♥

Liebe . . . (Jemen)
Heute bin ich allein zu Hause, ich habe keine Lust, daß ich zu den andern gehe. Aber ich habe das gefüll, daß ich dich brauche, ich weiß auch nicht wozu? Irgendwie brauch ich dich, nicht weil ich allein bin, weil ich das will.
mir geht es auch nicht schlecht. trotzdem brauche ich dich. ich will dich sehen, hören, anfassen, mit dir schtreiten, spielen, küssen und . . .
Liebe, ich brauche dich, was heiß dieses Satz? ist es nur für spaß? oder ist es von drei Wörteren gebaut? oder ist es ein satz von Gott gekommen außerdem warum brauch ich dich nur dich brauch ich. obwohl es viele Menschen gibt, du bist auch nicht die einzig in dem Welt, es gibt noch viele Menschen, die ich noch brauch, und sie sind auch wichtig in meinem Leben. Aber warum denke ich nur an dich? eigentlich, wer bist du? was bist du? angenommen, du wärst die schönste Frau in ganzem Welt, oder du wärst die macht, die mich in diesem Leben gebracht hat, oder du wärst eine Zauberin, die mich gezaubert hat, oder, oder oder . . .
Ich beleidig dich nicht, ich will nicht dich errgern, auch ich will dir nicht sagen das du verantwortlich bist. sei nicht sauer, ich schreibe dir, weil ich will nur dir schreiben, und (wallah) ich meine nicht schlecht und denk auch, daß ich nicht sauer bin.

ich höre auf, . . . , jetzt sind Mohammed und Al Baher bei mir. ich kann nicht mehr weiter schreiben, mein kopf ist durchein ander.
Jedenfall Ich liebe dich.

Viele Grüße und küsse

♥

Wenn die Käseglocke aus Blau gefallen ist, packt der kleine Frisör den Spanier aus bei Mikis, dem Griechen.
Ja, unser Viertel ist bunt.
Gutmütig fangen wir an zu saufen und werden reichlich nüchtern, weil wir reden,
hart reden, weich reden, zugleich reden,
die Augen tränen, nur so und *nur* so.
Dem Himmel schenken wir unser Asthma und dir nichts mir nichts
bück ich mich und schmück ich mich mit deinem Haar.
Bravo, bravo, mi corazón.

♥

Ich will Dir tausend Kirchen bauen
und eine kleine mehr.
Du läßt mich zögernd Dir vertrauen
und manche Deiner Räume schauen,
und das ist
schwer.

♥

Ich halt mein Gesicht schon weit von mir. Seit langem steh ich vor Dir Schlange.
Die Häuser schlafen. Der Mittag ist heiß.
An diesen Tagen voller Hast löse ich mein Haar
hinter Holz und Stein
und Glas.

Mein Lieblingspapier.
Eigentlich wollte ich dir einen Brief tippen . . . da beschwert sich doch gerade der mittlerweile heißgeliebte Mitbewohner, daß es zu laut sei, nachts um halb zwölf. Nun, soll er sich beschweren, ich ahnte es . . ., aber mag mich darum nicht streiten.
Lieber . . .,
eben, die großartige Stimmung, dir von den Klavierhokkern an den Bäumen und den eingesperrten roten Clubsesseln zu erzählen. Es gibt sie wirklich, die Klavierhocker an den Bäumen, eine Offerte des phänomenalen Weihnachtsgeschäfts.
. . . , kannst du mir sagen, wer immer die dicken Steine hinlegt, damit so viele stolpern?
Manchmal denke ich, die einzige Chance ist, selber ein Stein zu werden, damit die anderen stolpern.
Nur, als Kind wollte ich immer Prinzessin werden und allen Menschen die Steine wegräumen.
Ich liebe die Steine, die Tage der Steine am Meer, wenn sie leuchten, weil alles grau ist, am meisten die, die so weich aussehen.
Und dich, weil ich mit dir nicht meine Träume lieben muß.

Ich freue mich, daß es dich gibt.

♥

Das tropfen des regens an mein fenster,
das glucksen des magens
die sterne im himmel
— wie pickel im gesicht des lieben gottes —
die träume, die noch zu erreichen sind
und die manchmal wie leitern oder
wunschbohnen in den himmel wachsen
— du da wodubist
dich nicht weiter — näher — größer — kleiner
denken als du bist . . .

eigentlich ein bißchen wenig für ein
gedicht an dich
aber . . . ich denk grad an dich.

♥

meine liebe,

sie haben die titanic gefunden, vier kilometer tief im eismeer, wo der perfekte tod wohnt. sie sagen, es sei alles perfekt konserviert, es ist unvorstellbar kalt und still und dunkel, es ist meeresgrund, grund des meeres, wo sich nichts mehr bewegt, weil zuviel auf ihm lastet. wer könnte es je wagen, dort hinunterzugehen und mit eigenen augen das gespenst der menschlichkeit zu sehen? hast du von den ideen gehört, das schiff wieder nach oben zu kriegen? es sind ideen von ruhm- und gewinnsüchtigen, aber sie gefallen mir dennoch. es sind so todesferne, bewegte, unruhige ideen, ein hunger nach wind, oberfläche und sonne, eine unendliche befreiung, eine gier nach luftholen und ausatmen, es ist vollkommen verrückt, aber es ist nicht gespenstisch, verstehst du, was ich meine, ich meine das aufbrechen von stagnation, dem eisigen nichts, es ist die bedingungslose anerkennung von wärme, die selbst den übertriebensten sensationsgelüsten noch innewohnt.

meine liebe, ein besseres bild will mir zur zeit nicht einfallen, um dir meine eigene situation zu verdeutlichen. daß man im prinzip gestorben ist, merkt man ja nicht wegen der trügerischen äußeren konservierung, die eine so grausame rache der natur ist.

und irgendwo liegt da mittendrin etwas, das mal gefahren ist, wo es musik und liebe gab, lachen, streit, fröhlichkeit, licht, eifersucht, querelen, träume, mit einem wort, leben mit all seinem gebrodel und gejodel. mit all seinem jammer, aber auch mit glanz und glamour. figuren, die allesamt etwas in bewegung setzten oder hielten, die größten schufte und die schönsten frauen.

ich liebe diese verrückten ideen, die die eismeere aufbrechen, die die fantasie anfackeln, die den tod unmöglich finden, die es nicht aushalten, wenn es irgendwo unerledigte gespenster, zumal in dieser größenordnung, gibt. muß ich dir sagen, wie sehr du daran beteiligt warst?

ich muß dir nicht sagen, wie sehr ich dich liebe

♥

Martin

moderner Magier, Manager, Moralist – mangels molliger manischer Mitternächte moderiert man müßig, melancholisch Manifeste.
Magnet mancher Mainächte, modern Möglichkeiten mannigfaltiger LUST
Marter, Monolog, Maschine, Mysterium?
Montag mäkeln meeresfrische Makrelen mangels Majoran, Makkaronis metzeln Miesmuscheln, Marzipan murmelt: Malven, Malven.
Mittwoch mahlen müde Mulatten, Muskeln mustern mürbe Musselinhemden, Myrrhe. Mythos? Möglich.
Morgen: Mordio!
Multiplizierend: Mordio! Müssen Mathematiker manchmal morden?

Mein Mönch, mein Monarch, meine Muskete, meine Minne, Mimikry meiner Märchen, meine Mulde,

ich liebe dich

♥

Esperanza, esperanza,
one more stanza
do the polka
one more hop
does the polka
polka-dots

Sammler, Jäger
mein Kind dreht sich
spinning
on the spot
jetzt und
hier
der kleine Wind
über einen Federkopf
auf der Stelle
tanzt was schneller
one more hop
Ich mach nen Trip durch meine alte Kiste –
mal sehen, was ich find
den großen und den kleinen Stein
einen Bunker und ein Boot
ein Auge doppelt und eins nackt
ich bind mich fester auf den Stuhl
und schaukel in die Nacht

Love

♥

Du hast mir eine wundervolle Wirklichkeit gezaubert: die Begegnung mit dir. Und weil die Begegnung Wirklichkeit ist, bist du geliebt. In Gedanken schlüpft mein Herz zwischendurch zu dir und küßt dich.

♥

Liebster . . .!

Es ist schon einige Tage her, als ich am Teiche unseres Hauses saß. Als ich zu den Sternen aufblickte und den Mond sah, waren meine Gedanken nur bei Dir, Liebster.
Wie gern hätte ich Dich in dieser Nacht begehrt, Dich liebevoll umarmt und in mein Herz geschlossen. Deine sanften Lippen spüren auf den meinen.

Oh, ich verzweifle, ich werde wahnsinnig vor Liebe, wieso mußte es so enden, wieso hat man uns getrennt?
. . . , Dich immer zu lieben, werde ich mich bemühen. Kein anderer wird diese Liebe empfangen, mein ganzes Leben lang. Es ist Zeit für mich,

Deine Dich immer liebende

♥

Du,
die Jalousie knallt zischend in mein nasses Gesicht, das Zimmer hinter mir dröhnt und stampft ohne einen Laut, Du Wunder, ich bin wund, Du Leiser, ich bin stumm, es dreht sich die Nacht in mir, Du hast nichts gesagt, an dem ich mich festhalten kann. Du nennst es Liebe. Ich nenn es Tod. Es kostet mein Leben. Violette Punkte blühen auf, ich schnippe sie in die Kerze, Schweiß bricht mir aus, sie tanzen nicht, sie verlöschen. Es schleichen durch mich Schatten eines Gebrülls. Unerträglichkeit. Du bist von allem: Derjenige. Du hast Dich nicht gewehrt, schön zu sein. Mörder. Ich werde Dich lange betrachten, wie Du nackt daliegst, aus Verachtung müde, schlaflos aus Interesse. Die Haare auf Deiner Haut sind schwarz und gestohlen. Deine Augen sind falsch. Sie lieben keine Wärme. Du würdest nicht zurückschauen. Du würdest mich im Spiegel belauern. Mein Foto hochhalten. Lieben würdest Du nur meine Video-Regenbögen. Du schneidest mir Fratzen. Ich schneide Dir Posen. Du machst mich verrückt vor Erregung in meinen leeren Tagen, ich wandere zwischen Bett und Blumenvase, ein sinnloser Spaß, ein Rennen, ein Wind um Zeit. Immerhin, auch die Tage stolpern, aufwendig wie rülpsende Narren, und brechen das Genick. Komm und bleib, leg Dich neben mich. Ich zittere wie Musik. Zieh Dein Hemd aus und Dein Denken an Damals. Ich trete zu, die Bilder platzen von den Wänden.

Wer kann Dich aufhalten?

Freue mich auf dich

Denken an Dich
und mich wohlfühlen in Gedanken daran,
Dich bald zu spüren.

Lieber . . .
Wenn ich Dir jetzt schreibe, so tue ich das nicht, weil ich Dir irgend etwas mitteilen will, was ich Dir mündlich nicht erklären könnte. Alles beinahe »Unaussprechliche« wurde ja bereits gesagt, und nun fällt mir beim besten Willen nichts mehr ein, was mir schwerfallen würde, Dir mitzuteilen. Großartige Neuigkeiten kann ich Dir auch nicht berichten. Durch diesen Brief will ich Dich ganz schlicht und einfach wissen lassen, daß ich mich über Deinen Brief, auf den ich ja überhaupt nicht gefaßt war, enorm gefreut habe und daß es mir sehr viel Spaß gemacht hat, mit Dir dieses Wochenende . . .
Inzwischen hat jedoch wieder der »graue« Alltag begonnen. Ich bin wieder zittrig solide geworden, wobei ich mir selbst ziemlich blöde bei vorkomme.
Ich sitze hier und warte – ich hoffe, Du hast es ernst gemeint –, daß Du wieder mal vorbeischaust.

Ich berühre Dich, Du weiß schon, wie

♥

Na mein Schatz,
mir jut. Dir? Esse wenig. Obwohl schwer. Aber tapfer. Leute lachen. Abnehmen? Wo denn? Siehste. Trotzdem. Einzige, die nackt sieht.
Wird wieder Frühling. Luft so toll. Kätzchen blühen. Sonne scheint. Schade, Du nicht da. Na ja. Freitag aber. Oder? Klar. Liebe Dich. Sonst weiß nicht mehr viel. Sonst Scheißleben. Malochen nix jut. Faulenzen auf Arbeit besser. Zu Hause Arbeit besser. Dann auch Potenz besser! Wichtig. So nun genug. Will verabschieden. Denk an Dich. Maach et joot. So long. Tschüß Madam, jehab Dich wohl, und zieh immer wollene Schlüpfer an, damit man wieder bumsen kann.

**Es grüßet und küßt Dich sieben- und achtemal,
Schlingel der Wirrkopf, Dein Freundgemahl.**

Lieber . . .!
Heute habe ich Deinen zweiten Brief erhalten. Wenn das wirklich mit der Berlinreise klappt, bin ich der glücklichste Mensch auf der Welt. Ich könnte vor Freude an die Decke springen. Meinen Eltern habe ich viel von Dir erzählt, auch, daß Du nach Berlin kommst (hoffentlich). Sie haben gesagt, daß sie nichts dagegen hätten, natürlich mit der Einschränkung, daß alles auf kameradschaftlicher Basis verläuft. Na gut, wollen wir sie in dem Glauben lassen. Den nächsten Brief kannst Du ja an mich schreiben, natürlich mit einem zweiten darin, in dem Du mir mitteilst, daß Du doch vorhast, nach Berlin zu kommen, und Dich sehr freuen würdest, wenn ich Dir Berlin zeigen würde. Alles schön sachlich und extra schön für meine Eltern.
Wenn Du wüßtest, wie oft ich an Dich gedacht habe, das kann man gar nicht zählen. Ich kann Dir einfach gar nicht schreiben, was Du für mich darstellst.

♥

Hallo, mein Schatz! (die Anrede wird von mir mit einem unbeschreiblichen Lächeln begleitet)
Ich dachte, ich flippe aus! Als ich las, daß du am 20.2. herkommst, war ich vollkommen von den Socken. So sehr habe ich mich schon lange nicht mehr gefreut. Allerdings könnte ich hier sofort zerplatzen und mich an Wänden und auf Tischen ablassen, wenn ich diesen . . . Satz lese: (Zitat) *Wenn du Lust hast* . . . (Zitat Ende). Natürlich habe ich Lust! Hätte ich dir sonst geschrieben? Außerdem habe ich das mit dem Brief bezweckt, hinterhältig wie ich bin.
Ach, meine Eltern! Die kriegen davon bestimmt nix mit, dafür sorge ich schon. Du kannst mir vertrauen. Ach überhaupt! Sie lassen mich allmählich in Ruhe, und das ist viel besser, denn jetzt kann ich endlich mal was alleine tun und selbst entscheiden, was für mich gut oder schlecht ist.
So, ich werde jetzt Schluß machen mit dem Brief, da ich

ins Gemeindehaus muß, die Gruppenstunde leiten. Freue mich schon ganz doll auf unser Wiedersehen.

Auch für dich einen Kuß

P.S. Rauchst du eigentlich noch? (Fällt mir gerade so ein)

♥

Mona lieba Risa!
Wie gern wäre ich gerade jetzt Dein Louvre, der — wenngleich nur in stoischer Unbeweglichkeit — Dich umgeben könnte, um immerfort Deine Wärme in sich zu spüren. Oh, Schwäche! Oh, Sehnsucht!

Ich küsse Dich und träume von Dir.

♥

Du mein Himmel,
der Du die vertraute Fremde zugleich bedeckst und erfüllst; der Du zugleich unerreichbar bist und doch in meiner kleinsten Faser lebst und atmest. Nichts auf Erden, was nicht zu Dir aufschauen müßte. Nichts, was nicht erst vor Deinem Hintergrund zu seiner Schönheit fände.

Dein Monsieur . . .

♥

Geliebte Risa-Risa, Europas einzige Negermutti!
Paris raunt mir Deinen Namen zu, indem es erwacht. Und würde ich nicht um die Naivität des Sonnengestirns wissen, ich würde hinter der Schönheit seines Morgenlichts ein höhnisches Feixen vermuten, das sich an dem Loch in meiner verwundeten Seele weidet.

Nimm all meine Gedanken und sei darinnen umschlungen.

♥

Hey Schnalle!
Schon wird der Augenblick körperlich fühlbar, in dem ich meine Hände auf Deine Seiten legen und meine Augen in

die Deinen senken darf. Kaum werde ich dann noch die Kühlheit besitzen, die große Süßholzraspel heranzuziehen, und wir müssen den Kampf der Giganten auf ruhigere Stunden verschieben.

Ein Siebenmeilen-Bussi

♥

Meine liebe Freundin,
eigentlich befürchte ich nicht, daß die Vorkommnisse am Samstagabend nur eine Big Show waren, ich glaube eher, daß sich wieder einmal eine gewisse Sympathie zwischen uns beiden dokumentierte. Ich hoffe, Du brichst jetzt nicht in ein verächtliches Hohngelächter aus, wenn dem so wäre, was ich nicht hoffe, würde das ja eine Antipathie beinhalten.
Wir müßten uns endlich einmal beide klar werden, was ist und wird. Das zu erörtern ist natürlich nicht einfach, da ich feststellen muß, daß fast alle Pinten Kölns ein intimes Gespräch nicht zulassen, da sie zu groß, zu voll oder zu hellhörig sind.
Ich werde ab 19.45 auf Dich am Eingang zur U-Bahn im Hbf. warten. Mein Wunsch wäre es, Dich zu einem sachlich gefühlsbetonten Gespräch zu bitten.
Weiter muß ich der Hoffnung Ausdruck geben, daß Du nicht in das sog. »Freiheit-Genießen« verfällst oder Dich erneut im Emanzipationsrausch der Genußsucht hingibst. Diese Worte sollen nicht die eines eifersüchtigen Bratkartoffelverhältnisses sein, sondern die eines Freundes.
Außerdem wollte ich Dir noch sagen, was Du für das Geld holen sollst: Intimspray, Körperspray, Haarwaschmittel, Rasierwasser (Hinter[n]rasur), Seife, Zahnpasta und eine Zahnbürste.
Im übrigen wünsche ich Dir noch einen schöpferischen Mittwochabend und bedanke mich für die geschenkte Aufmerksamkeit.

Mein liebster, kleiner, großer Schatz,
Sonntagabend gegen 9.00 h; Dein »dicker, alter« . . . hat keinen Dienst, gut gegessen und starrt nun gegen 5 weiße Wände. Ich denke nur an Dich, meine Liebste, ehrlich. Was tust Du? — Mit Dir küssen möchte ich und mit Dir knuddeln und noch alles andere, was es auf diesem weiten Gebiet so gibt, ja! Dasselbe würde ich natürlich auch sehr gerne »erdulden«; also frei nach dem Leitsatz: Eine Hand streichelt die andere, ein Mund küßt den anderen usw. usw. Lach nicht — Das ist süßer Ernst. Wirklich! Also kurz gesprochen: Aus Gründen gewisser herzlicher, menschlicher Gefühle, die umgangssprachlich auch Liebe (ital. amore, lat. amor + sexus und griech. eros) genannt werden, möchte der Unterzeichner dieses Papiers darauf dringen, mit der Angeschriebenen bald wieder einmal zusammenkommen zu können, zwecks Austauschs beiderseitiger gemeinsamer Interessen und Neigungen. — Ja, da hat man nun Geld . . ., aber die Liebste ist weit, weit weg — nicht greifbar — und Du möchtest liebhalten und liebgehalten werden, Du möchtest Schinkenschnittchen mit Gürkchen und kleinen Mandarinen anbieten und nachher Eis mit Früchten und Lacrima Christi auffahren. Aber nichts dergleichen: Sonntagabend, Dienstschluß, Essen allein, Heimgang, Bett allein, Schlaf ohne die Kleine, Ende der Sendung auf allen Programmen — ein Mann im Beruf — oder Du kannst nicht alles haben. — Ich möchte alles haben.

♥

Liebe ist mehr als ein Wort, eine glückliche Zeit, zusammen schlafen, happy zu sein, zu weinen, zu hassen, zurück zusammen, wieder zurückkommen, Urlaub und Arbeit, Gemeinschaft und Gemeinsamkeiten.
Liebe ist es erst dann, wenn sie real ist, und ich sie, mich und Dich akzeptiere und sie »lebe«.

Und das dauert lange.
Oft zu lange, und oft klappt es nicht. Doch ich habe die Hoffnung und den Wunsch und den Willen und die Angst und Dich.

♥

– mußte gerade an Dich denken, danke (auch an Werner) für den schönen Tag, für Transitiv, für das mein-Mann-Erlebnis im Polo, für den Apfelstrudel, fürs KC und für ein bißchen (oft viel) Hilfe beim »coming out«, es hat schon begonnen.
Dortmund, Sonne, nasser Asphalt, Autos, Westpark, Bus, Narziß und Goldmund, Garten, grün, zu Hause (?), Zimmer, Milva, »Die Hölle – das sind die anderen, die Anderen!« Bernd, Doris, Autobahn, Warnblinkanlage, Martin, Rücksitz . . . Helga, Peter, junger Henna-Typ mit Augen, Bücher, leben aus den Wurzeln, Du!
Ich war so froh und unbeschwert, jetzt bin ich Mischung.
Du, ich glaube (und weiß es irgendwo), ich liebe dich auch!

♥

Mein lieber Schatz!
Ich stelle fest, Du hast mich noch nicht ganz vergessen! Es tut gut, wenn man weiß, daß in der fernen Heimat ein kleines Herz wild für mich pocht, ich ahne es über die Wogen des Ozeans hinweg (schluchz !!!). Was ??? kann schöner sein. Du brauchst nicht zu glauben, daß ich voll bin. Das war ich am letzten Samstag, und so lange hält auch der größte Rausch nicht vor. Es ist die Kunst, so viel Schmalz zu schreiben, ohne daß das Papier fettig wird.
Ich werde Dir Weihnachten ein paar Bilder von Las Palmas zeigen. Stell Dir vor, die Inseln sind völlig kahl, kein Baum, kein Strauch, kein Garnichts. Es ist genau dasselbe wie auf den Kap Verden.
Deinen nächsten Brief mußt Du nach Amsterdam schrei-

ben, und zwar liegen wir dort vom 27.11. bis zum 2.12. Einlaufen werden wir am 14.12. Meine Eltern werden mich vielleicht abholen, aber das weiß ich noch nicht so genau. Wenn meine Eltern nicht kommen, könntest Du ja für die Tage kommen. Wir könnten dann im Hotel schlafen. Das zahle natürlich ich. Dann könnten wir uns ein paar schöne Tage machen. Das wäre doch nett, oder? Es liegt nur an Dir.
Wir kriegen wahrscheinlich erst ab dem 18. Urlaub. Wenn wir natürlich sofort Urlaub kriegen, wird nichts draus.
Also überleg es Dir mal.

Ich küsse Dich.

♥

Liebste!
Ich weiß, daß meine Freude, mein Glücksempfinden nachhaltig sind, andere sollen sie auch spüren – berauscht bin ich freilich dennoch. Ich bin sicher, es waren ein paar Tage im Paradies mit der Bescheidenheit, dem Vertrauen, der Ehrlichkeit, der Zärtlichkeit, der Zeitvergessenheit, der Gerechtigkeit, dem Verstehenwollen, der Güte, der Freude, der Liebe. Was für ein Fest!

♥

Liebe . . .,
ich lebe auf Freitag-Mitternacht zu. Ab dann soll die Zeit noch langsamer vergehen als jetzt. Ich bin eigentlich ganz ruhig, aber doch aufgeregt. Ich lebe auf.

Ich liebe Dich!

♥

Lieber,
mir fällt eine Menge ein in der Nichtablenkung. Die Liebe bekommt Sehnsucht bei der Nähe von Raum und Zeit. Die einzelnen Tage sind ein angenehmer Sisyphos. Ange-

nehm unspektakulär im städtischen Sinne, und doch passiert eine Menge. Dienstag nacht treffe ich wieder ein. Und freue mich.

Bis bald mit Kuß.

♥

ey du tüte,
was los? bist du schon im GULAG oder lebst du noch?? laß dich mal wieder *Blicken,* dann *gewinnen* Sie eine Dose Bier vom feinsten.
mein ich ernst.
Ernste Zeiten, Ernste Worte.
In Südafrika knallen sie schon die Babies ab. Piet und ich haben uns die Fresse schwarz gemacht, rein in die nächste Apo und ein Pfund Aids verlangt. die Tanten fangen an zu schreien, wahrscheinlich hatten sies selber.
das neue Ding ist jetzt bei Karstadt Rolltreppe sitzen, und beim runterfahren sitzenbleiben und mitm Arsch über die Platte gehn. kommt saugut, echt! geht aber wie alles im leben nur einmal, dann kommen die Sheriffs mit dem irren Blick, und der Hit des tages heißt *Notausgang.*
den Dicken haben sie gekrallt, weil er son Prediger angefallen hat auf der straße, son laberwichser, die zivis diesmal alle wie Steuwesand Agenten, so weiß und poppermäßig und männerparfüm. keine Chance für südafrika.
komm vorbei und wir wühlen in den pullovern, okay. Bier ist auch da.

♥

Meine liebe . . .
heute in vierzehn Tagen bist Du hier und dann brauchst Du Dich nicht mehr zu sehnen und mich im Traum zu suchen. Dann kannst Du mich festhalten und ich will Dich streicheln und zärtlich liebhaben, alle Deine Sehnsucht will ich von Dir nehmen, Dich glücklich machen, Dich ganz satt

machen und trotzdem immer wieder Hunger hervorrufen. Und ich habe Sehnsucht nach Dir, Dich anzuschauen und Dich zu spüren, ganz nah will ich bei Dir sein und überall sollst nur Du sein. Ich freue mich auf die Zeit, wenn wir allein für uns sind und niemand uns stört, noch nicht mal ein Nachbar oder ein Zimmermädchen wie in den Ferien.
Ach mein Frauchen, Du bist so weit weg, ich möchte ganz nah bei Dir sein und mich bei Dir vor der Kälte verkriechen und erst im Sommer wieder aufstehen. Ich will Dich zärtlich anfassen, ganz leise und ganz lange Dich streicheln, Dich küssen und erst ganz zuletzt zu Dir kommen. Wir brauchen viel Zeit für uns, ich habe Dich lieb und sehne mich nach Dir, nach allem, Deinem Gesicht, Deinen Brüsten, Deinem Bauch, alles will ich ganz bei mir fühlen und alles liebhaben. Gerade eben fällt mir ein, am 28. bin ich in Mannheim. Außerdem bekommst Du von Deiner Firma das Weihnachtsgeld anteilig ausbezahlt (Gerichtsurteil), und zu Deinen Eltern können wir auch fahren. (So sieht's in meinem Kopf aus.) Aber sonst ist nur viel Sehnsucht und Phantasie drin.
Ich liebe Dich, mein Schatz, ich halte Dich ganz nah und will Dich zärtlich liebhaben,

ich küsse Dich

♥

Cher Love,
soll ich dir was sagen? Ich hasse diese bodenlose Unverschämtheit von deutschem Leben, diese bekloppte Mischung aus Langeweile, malochen, Schmutz, Dreck und Sturheit. Es regnet wieder in Strömen, es pißt wie Hölle, es ist kalt und grau und düster und trist und grippig. Autos von links, Autos von rechts. Häuser, die häßlicher sind als tote Hühneraugen. Menschen, die kaputter sind als geflickte Parkuhren. Und da gab es mal Zeiten, wo das alles anders werden sollte.

Ich habe nun mal den Haß, aber ich fühl mich auch eingezingelt. Winnie und Sanne denken nur noch an ihre göttlichen Babies, voll der Gnade mit Milupa und heiligen Windeln (aber auch Babies werden groß und störrisch, he he). Katrin macht nur noch in Backwahn. Sie hat 4 Wochen meditiert und sich prächtig erholt. Jetzt spart sie für einen neuen Rolls-Royce für den Meister, damit er jeden Tag einen anderen fahren kann. (Ich bleibe ganz ruhig, wirklich !) Ulrike hat gehei-ra-tet. Schicke Wohnung, schicke Beziehung, schicke Anätze. Und so weiter auf der Himmelsleiter. Wenn er fällt, dann . . .
Tja, wie ich das sehe, bin ich wohl übergeblieben. Sitzengeblieben. Anschluß verpaßt an die neuen tollen Zeiten in deutschen Landen. Fehlt eigentlich nur noch die schwarze Katze. Sitze hier, glotze in den Regen und glaube immer noch, was ich vor zehn Jahren geglaubt habe: Mist bleibt Mist, egal, wie es eingepackt ist.
Und jetzt kommt die große Überraschung: dies ist ein Liebesbrief! Mein lustiger Freund, ick liebe Ihnen! Zwar sind Sie ein Mann, aber bei einem so braunen Bauch muß ich einfach eine Ausnahme machen.
Ich hätte dich gern hier, mein Lieber. Aber du sollst wissen, woran du mit mir bist. Wahrscheinlich machst du dir viel bessere Vorstellungen von mir, als . . . Ich hab so meine Geschichte, und meine Geschichte hat mich. Wenn du kommst, kann es passieren, daß du erst durch eine düstere Galerie gehen mußt, bis du mich findest. Aber dann sitzen wir zusammen und trinken Kaffee, essen lustige Kekse und prüfen deinen braunen Brauch.
Okay?

Kuß

Sehr geehrte Frau B
Meine liebe R
da Sie mir gestattet haben, ein intensives angenehmes Gefühl für
Du weißt, wie sehr ich mich nach Dir sehne, wie stark meine Liebe
Sie zu entwickeln, werde ich mir erlauben, in den kommenden Tagen
zu Dir geworden ist. In den nächsten — sehr schweren — Tagen werde
an Sie zu denken und wünsche Ihnen schöne Feiertage.
ich in Gedanken nur bei Dir sein. Nur die Hoffnung, Dich bald zu sehen, hält mich aufrecht. Ich wünsche
Dir ganz, ganz tolle Tage. (Auch ohne mich).

Mit freundlichsten Grüßen
Die liebsten Grüße
Ihr W.
Dein Dich verehrender D.

❤

Erstaunliche Sie, liebe . . .
erlauben Sie mir folgende Zeilen, die, trotzdem sie in meinem Büro entstehen, etwas ganz jenseits von Floskeln ausdrücken sollen. Verzeihen Sie meine Ungeschicklichkeit auf diesem sensiblen Terrain — es widerstrebt mir nun mal, simpel von Gefühlen zu sprechen, die gehören, wie ich leider allzugut weiß, zu sehr zum banalen Geschäft. Ich möchte es wirklich nicht mit zerdroschenen Klischees belegen, was Sie, nur durch sich selbst, mir geschenkt haben. Und immer noch schenken. Liebe, es amüsiert mich, daß ich Ihnen diese Zeilen auf einer knochentrockenen Akte als Unterlage schreibe. Ich stehle mir die Zeit dafür mit großem Vergnügen, ich stehle sie meinem International-Worldwide-Big-Business-Brötchengeber, der mir bisher — ziemlich erfolgreich — meine Seele gestohlen hat.

Liebe . . ., ich bin voll der Erinnerung. Ich habe Ihre reizende kleine Frechheit ständig bei mir, ich trage sie überall mit mir herum, und besonders bei den Besprechungen, die jetzt in Masse abzuhalten sich jemand absolut nicht entblöden kann.
Ich habe es lange nicht mehr so empfunden wie jetzt.

Ich freue mich auf unser Wiedersehen wie auf nichts sonst. Und denken Sie sich eine neue Frechheit aus für Ihren Sie bewundernden

❤

Mein lieber Schatz,
leider konnte ich mich nicht eher bei Dir melden. Ich hab's wirklich versucht, aber es ging wirklich nicht. Sabine hat, glaube ich, Verdacht geschöpft. Sie macht so ihre Bemerkungen, ist zickig. Was soll das? Vielleicht sollte ich es ihr sagen, aber sicher gibt es dann noch mehr Probleme. Die Kinder, das Haus, die Nachbarn, das Geld, dieser ganze Quatsch halt.
Schlechter Roman. Zum Kotzen. Dachte, das ist nur was für Filme. Aber ich krieg das schon klar. Ich hab Sehnsucht nach Dir, Mäuschen. Ich hab Dich so lange nicht gesehen. Und Deine Unterwäsche mit den Strapsen. Unser letztes Beisammensein hat mir großen Spaß gemacht, mein Schwanz war noch drei Tage krebsrot.
Die Krokotasche hab ich noch nicht gefunden. Bist Du sicher, daß sie genauso ausgesehen hat? Vielleicht war es auch ein Unikat und wird so gar nicht mehr hergestellt. Ich guck noch mal. Ich werde auch mal Rainer fragen, der kennt sich aus bei so was.
Übrigens, ich hab einen neuen Cocktail. Große Klasse. Zeig ich Dir beim nächsten Mal. Mal sehen, vielleicht kann ich mich am nächsten Mittwoch freimachen. Kannst Du mich vorher noch unter dieser Nummer anrufen? Ich und mein Dicker, wir freuen uns auf ein Wiedersehen.

P.S. Ich kann einfach keine Briefe schreiben. Wußte Dich aber sonst nicht zu erreichen. Verbrenn das Ding, okay? (Wichtig)

♥

NADU?
Also eins ist schon mal sicher: Ich befriedige mein Gesprächsbedürfnis lieber mit der Schreib- als mit der Sprechmaschine! (Da können die Herren von der Telekommunikation und wer noch sagen, was sie wollen.)
Hab ich erzählt, wir waren in Hamburg: Und das fing mit der Reeperbahn an und hörte damit auf, daß wir die Hamburger Kommune zusammenschlugen, wie das so unsere Art ist. Toll. Ein bißchen wenig still lesend rumgesessen. Ach wäre das nicht schön, mal eine schnuftelige Weile. Bloss rumdrömeln und sich gemütlich fühlen.
Ach . . ., du klangst so weit entfernt heute und allerdings auch sehr lieb und wie soll ich sagen, nicht so wild übersprudelnd, einerseits daher geduckter, andererseits zugänglicher im Sinne von . . . äh, häm. Wie dem auch sei. Ach war das schön mit unserer Zeit.
Ich vermisse dich sehr. Wenn ich mir die Scheiße angucke, die ich jetzt mache, trauere ich noch mehr.
(Fällt mir ein: Warst du eigentlich beim Urologen oder so was? Falls du noch nicht dazu gekommen bist: Check dich da auf jeden Fall mal durch, sobald du den Nerv dazu hast – mein Tripper ist zwar inzwischen abgetrabt, aber hat doch ein erhöhtes Maß an Geschlechtskrankheitenbewußtsein erzeugt. So hat jeder Tripper auch sein Gutes.)
Jetzt mach ich Spaghetti.
Weißt du, was besser ist als Telekommunikation: Komm her!!!!

In diesem Sinn

Eine lange endlose Nacht.
Viel Geruch und lüsterner Schweiß,
Feuchtigkeit, der Körper bebt.
Sich anschauen
Küsse schweben durch die Unendlichkeit
und der Wunsch,
es eine Ewigkeit dauern zu lassen.

Großer, schwarzer Pirat –
möchtest du mich nicht kentern?

♥

Natürlich find ich blöd, wie ich dir da geschrieben hab. Wie ich dich in mein Vergangenheitsgestrüpp hineinzerre. Männer.
Naja, ich begrabe halt, sie verwesen in meinen Träumen und nach ner Zeit scheinen wieder Blumen auf ihnen zu wachsen.
Wie auf mir und dir, mein Schatz!
How life lives on. Möcht ich manchmal feiern.
Weißt du, ich schick dir trotzdem den Ätzbrief und geb mir Mühe, Dir auch noch einen schönen Brief zu schreiben. Wenn ich bloß wüßte, wie der sein müßte. Vielleicht ein heller Brief, eine Aufzählung banaler (weil selbstvergessener – soll mich schließlich selbst vergessen, versuche es auch, auf'm Fahrrad –) Alltagstaten mit eingestreuten hintergründig lächelnden Highlights: Sphinx kitzelt Bratpfanne oder so.
Die Arbeit tut mir gut. Welch Wunder, ich überleb's. Keine Angst, ich werd wohl nicht drauf abstürzen. Arrangement macht süchtig.
Neuerdings bist du menschlich für mich geworden (ich für mich wohl auch wieder).
Deshalb habe ich mich in Dich verliebt. Gestern und so. Vorgestern.

Hier liegt dein Foto.
So, jetzt bin ich müde und geh ins Bett. Du wirst wohl nicht mehr anrufen. Heute nacht schlaf ich hier allein.

Es ist, ob . . .
Gut Nacht.

♥

Hi Dicker,
und so weiter. Ich strolche rum. So ist es halt. Du hast mich aus der Tube gedrückt, und andere putzen jetzt mit mir ihre Zähne oder ihre Schuhe. Je nachdem trotz alledem, und meistens auch noch umsonst. Obwohl ich zurückschlage. Bäng. Naja.
Wie geht es dir, mein Risiko? (Döschewo sowieso)
Sylvester ging im Rausch unter.
Ich als alte Säuferin hielt es auch nicht länger als bis 5 Uhr früh aus. Ein bißchen Schadenfreude habe ich doch festgestellt, daß falsche Ehepartner neben noch falscheren Ehepartnern lagen. Was das für Folgen haben kann, mag ich gar nicht ausdenken.
Selber vergnügte ich mich mit einem 22jährigen. Einer von diesen neumodischen Nivea-Knaben mit Babyarsch. Fashion people. Bloß vergeudete Zeit. Lach nicht. Du weißt, warum ich solchen Scheiß machen muß.
Das Wetter ist beschissen, kalt und naß, aber das kennst du ja besser. Obwohl du wahrscheinlich gerade draußen sitzt und dich kolossal warm fühlst. Und spanische Klänge sind auch nicht zu verachten (vor allem die Klänge knisternder Tintenfischringe stell ich mir elend schön vor).
Ansonsten sitz ich hier im Limbo und tanze gegen die Zeit. Wann kommst du zurück in deinen spanischen Stiefeln? Sag es mir, oder ich bring dich um. Oder ich such mir ne neue Tube. Meine Matratze lacht hämisch. Auch deine Schuld.

salud

Liebe . . . (Finnland)
Hier ist schönster Frühling, ich nütze die Zeit indem ich kaputt im Bett liege, die Nase sieht aus wie eine abgefeuerte Rakete, die Lippen hängen in viele Fetzen an dem Kinn, ich kann dir sagen der Monstershow könnte beginnen. Ursache dieses Zustandes ist eine Grippe, dessen Heftigkeit für mich neue Dimensionen eröffnet hat auf diesem gebiet.
Was machst du, ausser wieder irgendwelche ominöse Reisen, und beim Italiener fressen und saufen und beim la paix Männer den Kopf verdrehen und mit deine kleine Taschentüchlein wedeln während deine Beinschen wilde Pirouetten drehen, also sprich!
Am Wochenende will ich mit einer Kollegin raus und das Vögelreich beobachten, es gibt derartigen vile exotische Vögel, daß kannst du Stadtpflantze gar nicht vorstellen. Sie ahnt nicht daß ich schon länger ein raffiniertes Auge auf sie werfe, mal sehen was ich veranstalten muß um ihr klar zu machen daß es auch noch was anderes als Vögel gibt auf der Welt.
Dummerweise suche ich mir immer solche rationale Frauen aus die ich intressant finde, die dann wirklich nur an Federvieh intressiert sind. Scheiße. Dieses Exemplar mache ich nun schon ein halbes Jahr dicke Augen, aber wie es so ist, ich kann nicht anständig flirten, es artet eher aus in irgendwelchen Handgreiflichkeiten die gar nicht so gemeint sind.
Ich liebe dich immer noch. Wie immer nach dem Winter. Schreib mal, einfach an die kaputteste Nase in gantz Finnland.

Schluss und Kuss

Telegramme:

Ein naerrischer Geist schenkt Dir drei Wuensche, mich fuer Dich, Dich fuer mich, und als letzten wieder 3. Ich liebe Dich,
sei gluecklich.

♥

Wenn ich denke, dann an Dich.

♥

I love you, call me urgent!

♥

Verdammt, warum meldest Du Dich nicht? Ich werde wahnsinnig! Waahhnsinnig. Willst Du mich umbringen, Du Bestie? Ich koche wie ein Schwein!

♥

Liebe . . .,
belebte Straße, Boulevardcafé, denken an Dich, je t'embrasse, auf bald.

♥

Eben nur ein ganz kurzer (Schweiz)
ganz heftiger Kuss im Vorbeigehen;
weil der Pöstler gleich
wieder geht.
Halt die Ohren steif
so long

♥

Komme heute um 16.43 Uhr. Kauf was zu trinken und zieh dich schon mal aus.

Mitten ins Herz

Allmächtiger, Juni in Bonn, Bonn im Juni.
T. . ., T. . ., T. . ., T. . ., mein blauäugiger Engel, ich sitze in
Hamburg – fest – habe zwei Hände, den Kopf und ein
wundes Herz.
Der Weg nach Hamburg war endlos und verdammt ziellos. Ich
fühlte mich wie ein Hund, der seine vom Zug angefahrene
Pfote nach Hause trägt.
Heute habe ich stark gehofft, du würdest vielleicht anrufen.
Herrgott, T. . ., denke an mich!
T. . ., T. . ., T. . ., wenn ich deinen Namen schreien könnte,
würde der Schrei durch Jahrtausende gehen.

Juchu du! Und du und du!
Wir haben es geschafft! Wir haben uns gefunden, und es geht wirklich gut. Ist das nicht irre? Ich find das total irre. Mensch du. Als hätten wir jahrelang nur darauf gewartet. Ich bin immer noch ganz aufgeregt, brrr, aber von mir aus kanns jeder merken.
Dein Bild steht neben mir, ich bin verliebt und nur noch verliebt, und lache und stehe auf und lehne mich an die Wand. Ich kann nichts mehr denken, nur noch verrücktes Zeug, verrücktes Zeug träumen. Manchmal könnt ich einfach nur heulen.
Hach, es ist nicht zum Aushalten! Mensch . . ., was machst du mit mir?
(Bin am Stricken zwischendurch, zur Beruhigung. Stricke Masche für Masche einen Gedanken an dich hinein.)
Früher hätte ich das nie geglaubt, daß *mir* das passieren könnte. Jetzt sitz ich hier und hab den tollsten Freund, und zwar, Leute, die *Nummer 1*!
Wie fühlst du dich, Nummer 1? Geht es dir auch so einmal durch den Bauch ins Weltall und zurück durch 27 Häute und das Herz tanzt wild und kann gar nicht aufhören?
Mensch du, . . . , ich bin, glaub ich, total verknallt. Ich würd mich so gern kuscheln, aber ich hätte Angst, du würdest einen elektrischen Schlag kriegen oder so was wie in der Disco. Aber dann wäre bestimmt alles . . .

Liebe Lieber Liebe
für dich von deiner . . .

P.S. Im P.S. liegen viele, viele dressierte Seufzer!! Sie werden dir so lange in den Ohren liegen, bis du antwortest, Lieber!

♥

Geliebte . . ., liebe Venus,
mein Bauch blubbert. I just write you to say, I love you . . . Juchu, die Sterne knallen und die Erde dreht sich, ich fühl

mich so ganz wie auf Wellen, mit viel power und Trieb.
Ich küsse deine Brustwarzen, uuuhhh,
ich warze deine Brustküsse, aaahhh,
uuuuuuuuuuuuuuuuuuhhhhhhhhhhhhhhhhh,
aaaaaaaaaaaaaaaaahhhhhhhhhhhhhhhhhhhhhh,
oh. Ahem. (Räusper). Pardon.
Isch bin eine grooße Zaubakienstler und verwandele misch in eine Kaninchenvogel. Pardon, Liebesvogel. Und fliege — genau, zu DIR DIR DIR. Gleich jetzt.
Mein Kopf steht abgeschraubt in der letzten Ecke. Nicht mehr nötig. Ich bin scharf auf dich. Ich bin wild auf dich. Ich bin verrückt auf dich. Ich bin wahnsinnig auf dich. Ich bin gern auf dich. Ich bin total auf dich.
Sagen Sie, was hat das alles zu bedeuten? — No capito. Haben Sie das öfter? — No capito. Sind Sie noch zu retten?
Isch lieeeeebe disch!!!
Alles klar??

Ich küsse deine Stelle,
dein gangster of love

♥

guten abend liebe . . .
eigentlich wollte ich spitz wie pfeil, rasend wie DIONYSOS, dir diesen brief zu füßen legen!,!.! Was ist nun übriggeblieben? . . . Wo ist der vulkan, wo die sprühende lust, wo der zitternde penis, der ORGASmierend den himmel, streichelnd, in worten zerfließend, in wollust windend, die glutsprühende, lechzende vagina SUCHT! SUCHT! Wo ist der gedanke, der aus nimmermehr eisernden, gerade schon kaiserlich stählernden welten ins unendliche bricht????? Der tag hat mich die kraft gekostet, die schwindelnde, mondeslüsterne nacht zu empfangen.
laß mich in deinen schoß kriechen, daß ich auf wenig versinke!!!!

Ich bin schwach, nichts als
MMMMÜÜÜÜÜDDDDDDEEEEEEEEEEEEEEEEEEE . . .
eine reihe von menschgesichtern schießt an mir vorbei, wie die bilder eines films . . .
nacht, meine tankstelle, meine steckdose . . .
Ich klebe an ihr wie ein bubbelgum auf dem asphalt, sie ist die schenkende mutterbrust, der balsam allller wunden des tages, die großmutter aller reisen in fremde länder: indien, unorganisierte reisen in raum-zeitlose zimmer, ein hotel ohne portier, gott, gottlose götterwelten, in blutverschmierte unterhosen, ins land, wo frauen an den bäumen wachsen, wo alles in den großen schlund mündet . . .
Laß mich, . . . , laß mich tausendundein werden . . .
Du bist immer noch meine Märchenprinzessin, meine ostfriesische feuerlilie, die verhaltene wildgans, OKOK . . ., ich bin's,

Manfred, MaNfRED, MANFREDO, MMafrdd, MAANNohPferd, . . .

♥

die lippen starr wie lava, aber es brodelt noch unsichtbar spitzes, nervöses lachen, immer in bewegung / immer unterwegs, unendliche versuche zu fliegen, keine abstürze / denk ich mir.
verfolgungsjagden in den gehirngängen, alarm in der aorta. schon setzt der feuerwehrmann zum löschen an. / schwelbrand. staubige kartoffelsäcke ersticken die glut. puh, war mir heiß / wie gut, daß niemand weiß . . .
verirrte bengallichter zwischen raketengeklirr, flaschen voll weißen wein, bauchklatscher sind nur erträglich, wenn man rasch untertaucht. irgendwann, irgendwer kommt schon daher. ich bin stets unstet / verrenke mir den hals / verkriech ich mich unter die decke. hände zittern vor einem möglichen schlag / graue himmel sind überall gleich. schwarze fenster können lügen, mon cher. erzähl

mir was von dir. gefühlsneger versklaven sich selbst. ach wie traurig, ach wie schick, und eins zwei drei. macht ein anderes schnelles wiedersehen mich wieder frei. laß uns ein feuer machen im fahrstuhl und soleier mit kakao dazu naschen. den sekt lutschen wir uns aus den ohren. dem tod ein schnippchen schlagen und schnell im schutze der mauer eine nummer schieben
check point charlie – welch exotischer name für so einen ordinären platz. you are so heavy, yes you are.

♥

Den Kopf aufs Papier / damit es im Kleinhirn besser sprießt. / Die Hand, ganz schnell, / selbst ein Streichholz hält sie nicht auf / Weiter schreiben, trotz Leben, / aber arbeiten wollen wir / Kalt draußen und darum die Wärme halten wollend / Dein Bild auf meiner Haut / Hals über Kopf / Zung über Lipp / in den Mund / in die Arme stürzen. / Stürze ich mich / trotz Angst vor dem Aufprall / So viele Beulen davongetragen / Trage ich weiter meinen Stolz zur Schau / stolz schaue ich auf mich herab / in den Augenwinkeln finde ich / DICH!

Wohin treibt mich der Eisberg / wenn ich in der Wüste verdurste? / Wohin – reist Du? / Reiß Dich zusammen. / Zusammen mit Ihm / gehe ich die Straße entlang / mit den kahlen Bäumen und / frage Ihn nach der Farbe meiner Augen / Gelb sind die Blätter, die kraftlos fallen / Fallenlassen / aber so schwer – / Stürzen?

Feuerwerk der Gefühle und der Gedanken: / »Der Hexenmeister hat das Feuer gut geschürt!« / Kühlend, / die viel zu großen Füße ins Wasser / Wo ist der Grund? / Wieso Romantik im Bauch – Poesie im Arsch / Verliebt?? / Herzklopfen in der Möse / Die linke Brust flüstert der rechten ein süßes / Geheimnis!!

Liebste,
bitte bitte bitte bitte bitte bitte bitte bitte bitte bitte bitte
bitte bitte bitte bitte bitte bitte bitte bitte bitte bitte bitte
bitte bitte bitte bitte bitte bitte bitte bitte bitte bitte bitte
bitte bitte bitte bitte bitte bitte bitte bitte bitte bitte bitte
bitte bitte bitte bitte bitte bitte bitte bitte bitte bitte bitte
bitte bitte bitte bitte bitte bitte bitte bitte bitte bitte bitte
bitte bitte bitte bitte bitte bitte bitte bitte bitte bitte bitte
bitte bitte bitte bitte bitte bitte bitte bitte bitte bitte bitte
bitte bitte bitte bitte bitte bitte bitte bitte bitte bitte bitte
bitte bitte bitte bitte bitte bitte bitte bitte bitte bitte bitte
bitte bitte bitte bitte bitte bitte bitte bitte bitte bitte bitte
bitte bitte bitte bitte bitte bitte bitte bitte bitte bitte bitte
bitte bitte bitte bitte bitte bitte bitte bitte bitte bitte bitte
bitte bitte bitte bitte bitte bitte bitte bitte bitte bitte bitte
bitte bitte bitte bitte bitte bitte bitte bitte bitte bitte bitte
bitte bitte bitte bitte bitte bitte bitte bitte bitte bitte bitte
bitte bitte bitte bitte bitte bitte bitte bitte bitte bitte bitte
bitte bitte bitte bitte bitte bitte bitte bitte bitte bitte bitte
bitte bitte bitte bitte bitte bitte bitte bitte bitte bitte bitte
bitte bitte bitte bitte bitte bitte bitte **t**itte bitte bitte bitte
bitte bitte bitte bitte bitte bitte bitte bitte bitte bitte bitte
bitte bitte bitte bitte bitte bitte bitte bitte bitte bitte bitte
bitte bitte bitte bitte bitte bitte bitte bitte bitte bitte bitte
bitte bitte bitte bitte bitte bitte bitte bitte bitte bitte bitte
bitte bitte bitte bitte bitte bitte bitte bitte bitte bitte bitte
bitte bitte bitte bitte bitte bitte bitte bitte bitte bitte bitte
bitte bitte bitte bitte bitte bitte bitte bitte bitte bitte bitte
bitte bitte bitte bitte bitte bitte bitte bitte bitte bitte bitte
bitte bitte bitte bitte bitte bitte bitte bitte bitte bitte bitte
bitte bitte bitte bitte bitte bitte bitte bitte bitte bitte bitte
bitte bitte bitte bitte bitte bitte bitte bitte bitte bitte bitte
bitte bitte bitte bitte bitte bitte bitte bitte bitte bitte bitte
bitte bitte bitte bitte bitte bitte bitte bitte bitte bitte bitte

Dein Dich rasend liebender

Ein Liebesbrief an R . . . R . . .

R . . . R . . .
rrrr . . .
da fiel sie in tiefen Schlummer . . .
da quollen dichte Nebel aus ihrer Brust, ihre Hände streichelten einen Erdklumpen, ihr Haar bewegte eine Schlange ans Licht, die Wimpern liebkosten meinen großen Zeh, ein nervöses Lachen kroch in einen Fuchsbau.
Aus dem Fenster sieht man einen gläsernen Leoparden, auf dem Hals einer kriechenden Frau, schau! jemand springt witzeerzählend aus dem Fenster! ICH UND DU, höre! die lachen bücherwälzend, HaHAaaaaaaaH!
Fühle, Fühle, wir sind ein Carat!!
AAAAAHHHHHHHHHHHAAAAAAAAHHHHHHHH
Sie regt sich! Liebe regt sich! Du fragst, ob es nicht vielleicht . . vielleicht? Unglaublich!
Nein, das gibt es nicht, mich nicht, dich nicht, es sich nicht, ein vielleicht nicht nicht, das nicht, nichtnicht nicht, ummasummersumarum / helllii / facktacki / obskures / kurioses / KKKKKKKK / UMPF!
Aber es gibt da noch ein tanzendes Staubkorn, Sand rieselt von der Decke, und fällt purzelbaumschlagend unters Mikroskop, erhebt sich und schreit aus halbem Gebiß:
datarra, in Liebe wälzend

schreit: mungoro mungoro, in Liebe zerbrechend
entgegnet: Liebe liebt liebe lieb

♥

Mein Schatz,

ich vermisse die Wärme deines Körpers / ganz dicht bei mir / ich vermisse das Braun deiner Augen, / in die ich versinken kann / ich vermisse das Streicheln deiner Hände, / das mich erzittern läßt / ich vermisse die Geilheit deiner Votze, / die ich befriedigen will / ich vermisse deine Stimme, / die mir den letzten Gruß zur Nacht zuflüstert /

ich vermisse deinen weichen, warmen Bauch, / den ich streicheln will / ich vermisse deinen Mund, / der sich auf meinen drückt / ich vermisse deine schwarzen Locken, / die ich (noch mehr) zerzause / ich vermisse den Finger deiner Hand, / der meine Votze so gut ficken kann / ich vermisse dich, / weil ich dich liebe,

in unendlicher Sehnsucht

♥

O Baby

(vor zwei Wochen hätte ich diese Worte nur zynisch über die Lippen gebracht)
mir geht's so gut Alegria, alegria! Ich werde mich zum sechsten Mal in Dich verlieben!
Reicht es, wenn ich neue Hemden kaufe, um Dir ganz zu gefallen? Eben habe ich eine Zeichnung gemacht, die ich sehr anmutig finde. Die Liebe malt auch schöne Bilder, Schatzi! So, ich spare mir noch ein paar Schmeicheleien und außerdem kann ich nicht soviel Zeit verwenden, um Dir zu schreiben, weil ich schon zuviel brauche, um an Dich zu denken.

Laß es Dir gutgehen, Alte!

♥

Meine Schöne

mein Besuch gestern in Deinem Zimmer. Dein neues, schimmerndes Bett weckte Begehrlichkeit in mir. In Gedanken hatte ich Dich schon mehrmals ausgezogen, bevor ich es tat und über Deine Brüste tastete. Wahrscheinlich wußtest Du es, denn Du warst so weich, und Du duftestest vor Verlangen. Mir schoß das Blut in den Schwanz, daß es beinahe weh tat. Dann machten wir Liebe, und ich war überrascht. Du warst mir lustig zugetan und ließest vieles mit Dir geschehen, was Du in der Hektik und im Mißtrauen des Alltags sonst verweigert hättest. Und hattest.

Ich hab Dich gepackt und Deine Haut genossen, und noch mehr Deine rücksichtslose Tollheit, denn das war es plötzlich, und ich hab Dich umgedreht und mit aller Kraft gestoßen, und mit aller Gier, und mit aller Liebe, und ich hätte Dich noch mehr gestoßen, wenn ich's gekonnt hätte.
Du hast mich so angestachelt wie noch nie, ich war verrückt nach Dir und hab getobt, da hinter Dir, und ich war so tief drin in Dir, als wäre es das erste Mal.
Dann bin ich zusammengebrochen, und Du hast gesagt, daß Du sehr froh bist, und während mein Herz raste, hast Du schön und stolz ausgesehen, ich war glücklich. Ich bin so glücklich, daß ich es Dir jetzt auch noch sagen kann. Ich bin so glücklich, ich bin so glücklich, so glücklich!

Yesterday – my love forever.

♥

Mein süßes, sanftes, liebes, schönes, knopfäugiges Frauchen,
ich sehne mich nach Dir, seit gestern (schon seit ich Dich verließ) sehne ich mich nach Dir, und Deinen tausend Küssen, so unterschiedlich, doch so gleich, nach Deinen süßen Umarmungen so sanft, aber doch so leidenschaftlich, nach Deinen unbeschreiblichen Blicken, so, ach Schatz, ich kann sie nicht einfangen mit ein, zwei Worten, doch mit drei Worten will ich Dir sagen (Du weißt es schon, doch immer wieder):
ICH LIEBE DICH!
Meine kleine Maus, morgen sehen wir uns, wir sind dann zusammen, na, wie lange? . . . Sieh mal in Deinen Lesbenkalender! Ja, zwei Monate, die ich nicht mehr missen wollte, keine Sekunde dieser Zeit möchte ich missen
Schatz, ich will mit Dir *leben*. Ich will Dein Lachen mit Dir teilen, ich will Deine Müdigkeit wegstreicheln, ich will Deine Tränen trocknen, Deine Melancholie will ich wegblasen, Deine Geilheit will ich hervorrufen, Deinen Orgas-

mus will ich hören. Die Vergangenheit will ich Dir abnehmen, die Zukunft Dir geben, die Gegenwart verschönen. Ich liebe Dich ich liebe Dich ich liebe Dich ich liebe Dich ich liebe Dich ich liebe Dich ich liebe Dich ich liebe Dich ich liebe Dich ich liebe Dich ich liebe Dich ich liebe Dich ich liebe Dich ich liebe Dich ich liebe Dich ich liebe Dich . . .

♥

So Tage sind das
Sonntagnachmittag mit Dir verbracht, die Tüte voller Süßigkeiten – geholt vom Kiosk, schütte ich über Deinen Körper aus: Brausebonbons rosa, gelb, orange – auf Deinen Bauch – der ist voller Rumkugeln – die kugeln darin rum – und Kinderschokolade lutschen wir zu zweit. Den Teufelchen aus Weingummi beißen wir die Köpfe ab, und das Fernsehen flimmert und der fade Geschmack im Mund und ist doch so schön.

♥

Komm, wir machen Liebe,
du saugst weich und laut an meiner Brust, ich bin daheim und glücklich im Haus der heißen Luft.
Mein ganzer Körper – schon gewußt, schon gesehen, schon gefühlt. Deine Lust singt und erlöst sich im Zentrum meiner Augen.
So wie Öl auf unsere Wellen gegossen für eine weiche Landung auf dem Meer, lassen wir uns treiben und fließen.
Wir schwimmen meilenweit hinaus und schieben einander um eine Armlänge weiter, eine Armlänge höher.
Ausgestreckt wie Felder, ganz ausgebreitet haben wir unsere Freude aneinander.
O baby. Endlich ganz in Liebe aufgenommen. Lassen wir sie hinein.
Sprühfein durch jede Öffnung.

DU lalalalalalalala Duuuuuuuuuuuuu!!!!!!!!!!!!!!!!!
Du juckst mich. Du juckst mich. Du juckst mich. Du juckst mich. Du juckst mich. Du juckst mich. Du juckst mich. Du juckst mich. Du juckst mich. Du juckst mich. Du juckst mich. Du juckst mich. Du juckst mich. Du juckst mich. Du juckst mich. Du juckst mich.
Juck juck juck juck.
Du juckst mich zum Wahnsinn!!!
Waaaaahhhhhaaaaahhhhhaaaaahhhhhaaaaaannnsinn. Peng, peng. *Wahnsinn.*
Juck mich bitte zuende. zuende zuende. zuende zuende. zuende zuende. zuende
Ende
Ich ohohohohohoho Ichhhhhhhh ?!?!?!?!?!?!?!?!?!?!?!?!?!

♥

Lieber . . .
heute abend lag dein Brief mit Foto und Haar auf meinem Schreibtisch. Das ging ganz fürchterlich rein. Aber das weißt du ja. Gesicht und Haar einmal durch Magen und Darm und zurück.
Höre gerade Radio. Hab heute viel an dich gedacht. Ich habe große Sehnsucht nach dir. So körperlich und ganz aus dem Dunkel auftauchend. Ich scheine dich zu brauchen. Du kleines Tier. Du gutes Kind. Liebling. Angenehmer, wohlriechender. Freizeit Frei-Zeit-Liebe.
Auf welches Flüstern soll ich denn lauschen? Auch das meiner Träume wird immer leiser. Freue mich auf dich. Kurzhaariger. Mal sehen, was abläuft.
Ich hab Lust, mit dir zu schlafen. DAS OFT. Ich stehe oft neben mir. Ich vermisse dich, mon ami, ich vermisse dich. Später erzähl ich dir alles. Dünner werd ich kaum. Ich ess wohl zuviel.
Hier sind die Zofen.

Ich liebe dich

Liebe . . .
Leute wie wir können nicht gewinnen. Wir können das und das machen im Leben, alles schaffen, alles anpissen, die ganze Scheiße abwarten oder gegen die Wand schmettern, mit dir geht das, wir können unser Auto nehmen und mit dem Wind fahren oder in Nachbars Garten, verdammt, ich halt's einfach nicht aus, dann kommst du daher und ich kann selbst die Schweine nicht mehr hassen. Nicht zu fassen. Baby, du bist mein Videoclip. Ich singe auch, laut und fett und sage jedem, was für ein Arschloch ich bin, mir selber auch. Scheiße.
Was treibst du (und mit wem???????????)
P.S. Leute wie wir können nicht gewinnen.

♥

Pour mon africain. Aux jours seuls.
Un baiser de tendresse à t'offrir —

♥

Wollte still bei Dir lernen — eigentlich.
Vielleicht rufst Du mich an, wenn Du zurück bist. Tu doch.
Ich hab: Knoten im Haar und sonstwo.

♥

Den Verkehr behindern, ein Paar Schuhe kaufen, an einer Krankheit sterben, aus dem Gefängnis kommen, ein Amt antreten, von der Leiter fallen, ein Gespräch anfangen, einen Vogel erschießen: alles eine Frage der Organisation.
Der Anfang des Sommers, die Träume von gestern, deine Liebe: alles eine Frage des Irrsinns.

Weiß, weiß nicht, fühle

Liebst Du mich?

O JA O NEIN

Hallo, . . .

Was ist los? Bin ich zu ungeduldig? Warum höre ich nichts mehr von dir? Ich war bis vor kurzem der Meinung, daß unser Wiedersehen auch für dich ein erregendes und ich glaube auch glückliches Ereignis, so war es zumindest für mich, war. Mag es meiner Ungeduld zuzuschreiben sein, daß ich jetzt, was dich angeht, Zweifel bekomme.

Alle Anzeichen, deine Briefe, unser Wiedersehn, unser Gespräch, unser Zusammensein, alles spricht dafür, daß du mich noch liebst. Wenn nicht, so wären diese Anzeichen unverständlich. Oder . . . habe ich dich enttäuscht, habe ich etwas verkehrt gemacht? Ich weiß es nicht. Ich bin, wie ich bin, und vieles läßt sich klären.

Für mich ist nur eines klar, ich liebe dich und möchte von dir etwas hören. Auch wenn mein Gefühl nicht versichert werden kann, so möchte ich von dir hören. Solltest du schon einen Brief an mich geschrieben haben, der noch unterwegs ist, so betrachte diesen als gegenstandslos und vergiß den Inhalt, bis auf die Tatsache, daß ich mich nach dir sehne.

♥

Meine liebe . . .

Ich weiß nicht so richtig, wie ich es anfangen soll. Mir ist so, als hätte ich letzten Donnerstag den schönsten Traum gehabt . . . aber es war Realität. Freitag war ich in einer derartigen Hochstimmung wie selten. Aber schon Samstag, heute, bin ich wieder von einer schrecklichen Unruhe befallen, die man mit Sehnsucht, oder ich weiß nicht, wie ich es nennen soll, bezeichnen kann. Ich habe im letzten Jahr viele liebenswerte Mädchen kennengelernt, aber am Donnerstag, als ich dich wiedersah, habe ich alles vergessen, was ich von anderen Mädchen wußte.

Wie du schriebst, wolltest du in der nächsten Zeit erst mal frei sein, dich nicht binden. Ich respektiere deine Meinung

und die Argumentation dazu voll und ganz. Aber ich bin verknallt in dich und suche deine Nähe, und trotz allen Respekts verlangt etwas in mir nach dir.
Du sagtest mir, ich darf wiederkommen. Ich komme bestimmt. Gleich welcher Art unser Verhältnis zueinander sein wird, ich verlange nichts, wünsche mir nur eins . . . Ehrlichkeit.
Sonntagnachmittag habe ich Dienst, Montag und Dienstag ist Dienst von 7 bis 24 Uhr. Donnerstagmorgen arbeite ich im Krankenhaus.
Wenn du möchtest . . . aber ich weiß ja nicht, was du vorhast.

♥

Tosender Rausch aufgewühlter Erinnerungen an UNS . . .
so viel Gefühl
immer wieder bei dir und doch
Dis ssssss ssssssss – Tanz zzzzzzz zzzzzzz
Tanz der Liebe
Trennungen voller Abschiede
und bei-dir-sein-wollen.
Es ist nur ein Tanz,
es klappt nicht, ich gebe auf und bleibe übrig
ICH
immer wieder ich allein
Die Gier nach Liebe ist vernichtend in mir und gibt mir den Rest in der regennassen Stadt Quadrophenia der Erinnerungen und so viel Sehnsucht. Suche nach Gefühlen in der Vergangenheit, die mich nicht mehr ruhen lassen.
Meine Gefühle für dich sind andere als für jede andere Frau, auch wenn ich andere Frauen liebe.
Dich in meinen Armen halten und wieder gehen lassen und wissen, daß ich dich liebe, meine Freundin, meine Liebste . . .

Kisses

Liebe . . .
sitze hier, möchte weglaufen, bin klein und häßlich, bin groß und stark, hab Angst, freu mich, bin krank, genervt durch Bronchitis, viel Training und »Existenzsorgen«, Gerichtsbefehle, Zahlungen, Einsamkeit.
Manchmal zu wenig Kraft, um mich wieder hochzuziehen, denke Gedanken, tot — lebendig, würd gern hören, wie's dir geht, was du machst.
Dortmund kotzt mich an, will weg, will schlafen, will leben, will lieben — will —
Wenn ich ausgehungert bin, setz ich mich hin, schreibe, sehe und rieche mich satt am Papier, an Tusche und Feder, at least I didn't face it. Don't want to bring the rain on my parade. Here I go again.
Vielleicht verstehst du's noch — was da so ist in mir.

Alles Liebe.

♥

Liebe . . .
jetzt sitze ich hier vor dem leeren Blatt und eben, vor ein paar Minuten, hatte ich Dir noch so viel zu erzählen.
Eine ganze Masse, eine Menge, eine Ungeheuerlichkeit an Gedanken — Worten, Gedichten vielleicht. Du wirst diesen Brief vielleicht gar nicht richtig lesen können.
Gerade hab ich mit einem beiläufigen Schlag eine Mücke ermordet. Dieser Mord wird wohl nicht schwer wiegen, denn es war ja nur eine kleine Mücke. Ihr Blut war grün. Das, was von ihr übrigblieb, war grün, aber was soll von einer winzigen Mücke mehr übrigbleiben als grünes Blut?
Ja, dieses Blatt hab ich gerade gefunden, warum soll ich's dir nicht auch mitschicken. Vielleicht sagen dir diese paar Zeilen mehr, als der Rest des Briefes. Ich hoffe nicht.
Alleinsein ist schlimmer als *Ratten fressen* bzw. die Konfusion versucht meine Privatordnung aufrechtzuerhalten.

Ich konnte heute nicht zur Arbeit gehen. Ich hab gekotzt wie ein Ferkel. Nun bin ich also krank.
Ich konnte gestern nacht nicht schlafen. Aber ich habe noch 6 oder 7 x onaniert. Es mußte sein.
Ich glaube, es ist sehr schlimm für mich zu wissen, daß ich Dich liebe, aber wir uns jedesmal quälen. Wir haben uns auch gestern sehr gequält! . . . , ich bin Dir verfallen, restlos. Ich kann und will nicht von Dir loskommen. Es ist etwas Tieferes als Liebe, was ich für Dich empfinde.
Ich rauche gerade. Keinen Stoff.
. . . ich möchte sehr gern mit Dir einmal ganz allein sein. Obwohl es mich mehr und mehr reizt, mit Dir zu schlafen.
. . . , ich weiß nicht, ich weiß überhaupt nicht, was in bezug auf diesen Wunsch in Dir vorgeht!
Ich weiß nicht, was ich machen soll. Du weißt ganz genau, was ich von Dir möchte, aber Du willst es nicht. Du weißt aber auch ganz genau, daß es für mich eine sehr große Qual ist, wenn wir uns jedesmal so aufgeilen! Für Dich ist es auch sehr schwer, glaube ich. Ich weiß nicht, ob und was sich ändern würde, wenn wir zusammen schlafen würden. Es könnte sein, daß es mich dann nicht mehr so sehr reizt, es könnte aber auch genau das Gegenteil eintreten!
Ich weiß, daß es mehr ist als Liebe, was ich empfinde, etwas sehr viel »Durchgetränkteres«.
Ich habe selten jemand richtig geliebt! 2 x! Astrid, Magret und vielleicht Sabine. Deshalb ist es wirklich schrecklich! Weil ich davon fest überzeugt bin, daß ich liebe, und daß ich bereit bin, Dir alles zu geben, wozu ich imstande bin, Du aber meine Gefühle nicht erwidern kannst!
Ich weiß nicht, wie's weitergehen soll. So nicht, so geht es nicht. Ich glaube, Du bist Dir einfach nicht im klaren darüber, was Du zerstörst, was Du kaputtmachst, wenn Du sagst, wir dürfen uns nicht wiedersehen . . ., ich bin bereit, Dir alles zu geben, aber bitte laß mich nicht allein! Ich

habe Angst, große Angst, Dich zu verlieren!! Bitte versteh mich, bitte. Ich mußte heute wieder sehr oft onanieren. Ich brauche Dich! Bitte laß mich nicht im Stich, weil ich ohne Deine Hilfe nicht herauskommen kann.

♥

Lieber . . .
bis irgendwanneinmal wieder.
Ich vergieße noch ein paar Krokodilstränen im Andenken, so wie heut am Bahnhof, als ich auf ne Freundin wartete und plötzlich wieder sooo traurig war.
Ich hab das Gefühl, zu klein zu sein, um dich zu umarmen. Ich komme drauf, weil ich mich selbst frage, was ich denn eigentlich will, und was das alles soll, aber ich fühle nur und weiß, daß nichts geht.

Tschüß

♥

Ja. Ich bin erbittert.
Eigentlich hätte ich wissen sollen, daß es ein Fehler wäre zu versuchen, mit dir Kontakt aufzunehmen.
Meine Rückkehr hat mich ganz zurückgeworfen. In alte Ängste, Zwänge, Wut. Du hast ebenso egozentrisch und grausam reagiert wie vor 5 Jahren. Aber was soll's, schließlich bin ich es gewesen, die fort war, und nicht du. Deine Mühle hat sich weitergedreht, während ich Ansätze eines ganzheitlichen Wandels an mir selbst erfahren habe.
Ich habe mich von einer alten Liebe getrennt in der Unfähigkeit, eine neue einzugehen, zu wählen also. Bin von drei Männern davongelaufen – ins Exil quasi –, um mich in die Arbeit zu stürzen. Das ging natürlich nicht.
Hier ganz allein. Wie kann *ich* ohne Liebsten sein? Das ist unmöglich. Hier bin ich im Vakuum, gelähmt und isoliert. Verunsichert und beständig bestrebt, ohne Verrat zu existieren, aus Angst, enttäuscht zu werden.

Aus Angst allein zu sein und unfähig, Menschen zu finden, die mir wirklich nahekommen können, verschwende ich meine Geheimnisse aus Furcht vor Geheimnissen.
Du sollst das wissen.
So ist mein Verhältnis zu dir emotional unglaublich tief und in den Momenten der Zärtlichkeit und des Zusammenwachsens endlos befriedigend.
Ebenso aber ist es Hilflosigkeit und Unfähigkeit, in diesem Land »selbst«gerecht zu funktionieren.
Ich hasse es, wenn ich Teil von deinen Spielen bin, und ich hasse dich dafür. Bis zur Mordlust. Und ich sehne mich nach dem Brandbündel, das WEN DENN NUN eigentlich.

Küsse . . .

♥

Mein Schatz, mein Herz, mein Schmusemädchen, mein Loch, mein Mund, der Loch sagt,
wenn ich an deine Möse denke, denke ich dein Loch. Ich mag deinen Körper. Mir kommt dein Körper wie einer vor, der nicht nur Verpackung ist von Mensch, sondern der du selbst bist. Ich weiß bei dir nicht zu unterscheiden zwischen dem, was du sagst, und deinen Oberarmen zum Beispiel. Ich weiß natürlich, daß bei dir Körper und Seele auch nicht mehr (oder weniger) Einheit sind als bei anderen Leuten, aber: Ich glaube, wenn ich mit dir schlafen würde, würde ich mit deinem Körper, der deine Seele ist, und umgekehrt, schlafen; d. h. also in meiner Wahrnehmung bist du eine wirkliche Einheit von diesen Dingen.
Mir ist so was wie mit dir lange nicht passiert; lange heißt, daß ich mich nicht erinnern kann. Du. Mit mir ist etwas passiert durch dich. Ich hab dich lieb. Ich möchte mit dir schlafen. Mit dir ficken. Dein Loch war für meinen Schwanz, so kurz er drin war, so eine Ahnung von einer (jetzt fällt mir Pforte zum Paradies ein). Ich möchte meinen Schwanz in dich reinkriegen, in dein Loch. Ich möchte

dich feste vögeln, wenn ich dich von hinten ficke, deinen Arsch sehen, oder: erst mit dem Daumen in deinen Arsch und Hand in dein Loch, so daß du mich wirklich spürst. Ich möchte meine Hände überall an deinem Körper haben, an dir lang streichen, deinen Hals packen, dein Kinn pakken, dich in den Nacken beißen. Und ich möchte von dir angefaßt werden, möglichst feste, aber wie genau weiß ich nicht, es war für mich ein gutes Gefühl, wie du meinen Schwanz in deinen Händen hieltest und so eine Möse gemacht hast mit deinen Händen, das hat mich überrascht. Ich will mit dir ficken und in dir kommen. Eigentlich möchte ich dich wohl ziemlich vollmachen.
Hab gerade mein Geschreibsel bis hier noch mal gelesen und finds doof. Hätte dir besser sagen können, wie ich mich nach dir sehne. Im Grunde etwas Angst, mich dir unangenehm zu machen.

♥

Lieber . . .
unnötig zu sagen, daß ich mich über Deinen Anruf sehr gefreut habe, ne? Mit der Ruhe klappt es erwartungsgemäß nicht so recht. Auch mit der in mir nicht – obwohl andererseits, ich habe mich selten so vollständig gefühlt. Aber es gibt nur ganz wenige Momente, wo ich mich hinsetze/lege, um mal in mich reinzuhören, ich habe zur Zeit einfach mehr das Gefühl danach, dauernd herumzulaufen, zu reden und noch mehr zu schweigen und mir die Szenerie, egal ob Straße/Kneipe/Café, anzusehen. Heute z. B. sind wieder die Zombies zuhauf unterwegs, ich hatte vor kurzem schon mal so einen Nachmittag, an dem es mir einigermaßen schwerfiel, mir zu sagen, dies hier ist kein Film – ich weiß nicht, ob Du das so kennst, da geht man über die Straße, guckt herum und überall außergewöhnliche Menschen – von banalster Äußerlichkeit bis zur schreienden Aufdringlichkeit, vor allem aber die, die ihre

Seelen scheinbar von der Stange beziehen, ohne Ausstrahlung, dazu in den grellsten Farben — dann aber auch ungewöhnlich geformte, ganz Dicke (wie beim Merzenich drei unglaublich deformierte Frauen standen: rote, grüne Mäntel an, mit drei Knöpfen, gespannt am ganzen Körper, Dauerwelle, Kassenbrille, Golduhr, Ring und Kette und schoben sich Kuchen in den Mund, laberten derweil über Punks und zogen überhaupt über Leute her in gefräßig-widerlicher Selbstgefälligkeit, und dabei so seltsam nichtlebend).
Aber wie auch immer — ich vermisse *Dich.*

Alles Liebe

♥

Hallo . . .! (DDR)
Gehst Du mit mir den Mittwoch ins Kino?
Willst Du nun Tippen (Tanzen) bei mir lernen? Ich finde Dich so süß. Wie Du siehst, hab ich Dir noch so 'n Zeug reingelegt! Meine Mamutschka meint, ich soll nicht soviel davon essen, weil ich sonst Zucker bekomme! Und das *Wichtigste: Gehst Du mit mir???*
P.S. Wenn's geht, eine klare Antwort. Wenn Du Zeit hast, dann gib mir die Antwort mündlich oder schriftlich!

♥

(Kuba an DDR)
Habe vielen Dank für Deinen lieben Brief, Welchen ich so eben erhielt und Gleich wieder beantworten möchte. Du glaubst gar nicht wie sehnsuchtig ich immer auf Deine lieben Zeilen wart. Wenn ich Dein Briefe lese, so Zeile für Zeile den Stolz und Gleichmut Deiner . . . sehe.
Jetzt möchte ich mich auf einige interessanten Sachen kommen. Auf Deinen vorletzten Brief schriebst Du, Daß Du mir versuchen zu besuchen werden konntest, und jetzt hast Du die Kassete umgedreht. Auf Deine gegebene er-

klärungen von einige von mir gestellte Fragen sind von mir folgende observationen oder imaginationen zu schreiben. Wenn ich irgend was an Dir schicke, brauchst Du kein gegenleistung auszugleichen od. zu machen. Auch wenn Du mir etwas schicken willst, schicke mir, ohne daß gegenleistung ist.
Du schriebst in Deinem älteren Brief daß ich ein neues Bild von Dir bekomme. Und bis jetzt habe noch nicht bekommen. Bitte! versuche mal ein volles KörpBild mir zu schikken.
Hier wurde mir als Explikation od. Erklärung von das wort Mädchen so gegeben: Mädchen ist ein junges Mädchen, das noch nicht mit ein Man ins Bett gewesen ist, nicht wahr?
. . . ! Ich weiß nicht, was zu schreiben ist, und habe ich vieles zu schreiben. Ich weiß nicht welche ist Deine Position. Ich habe Dir vieles zu schreiben, und nicht alles, was ich sagen will, schriftlich sagen kann. Ich liebe alles was ich habe, und nicht alles was ich liebe, habe ich! . . .!

Das soll es gewesen sein.
Tá-tá.

♥

Lieber . . .
heute hat nun der Blues eingesetzt.
Wo mir der Bauch immer enger wird und die Finger magerer. Aber die Haare – wie schön.
Ich war so fröhlich und stark. Ja, ich glaub, ich schlaf gern mit dir. Es ist immer gut. Aber wie gut könnten wir sein, wenn ich Zeit hätte, durchzuatmen und meine Leidenschaft wachsen zu lassen.
Du bist sexuell viel relaxter geworden und auf eine mir entgegenkommende Art – genitaler. Scheinst irgendwie nicht mehr soviel ein süßes Heimlichkeitsnest halten zu müssen.

Ich glaube dir irgendwie, daß du dir heiße und selbstverständliche Liebe mit mir vorstellen kannst, und es fällt mir schwer, jedesmal, darauf zu verzichten, weil ich weiß, wie gut wir sein könnten. Ich bin das weibliche Modell, du mein Manager, eh?
Es ist wunderschön, wie wir jedesmal vor dem Abschied leise und besorgt zusammensummen. Wenn wir uns so verstehen und anschauen, wäre es Zeit für die Liebe. Ganz ruhig und die Berührung ist ganz.
Aber ich weiß auch, daß du nur so bist, wenn ich mich schon abgefunden habe, und der Abschied nah ist.
Es tut mir eigentlich leid, daß ich dich so angemacht habe, aber ich fühl mich auch besser, weil ich das Gefühl habe, endlich ein paar von den Dingern losgelassen zu haben, die ich schon lange mit mir wie tote Mäuse herumtrage.
Laß uns mal zwei Wochen Urlaub machen, wo's schön ist.

Es wär schon ganz nett, wenn du mich in den Armen halten könntest.

♥

Hallo mein Schatz
heute ist hier nicht viel los deshalb schreib ich dir lieber einen Brief. Ich weiß eigentlich gar nicht was ich schreiben soll aber mir wird schon was einfallen. Ich wollte dir noch sagen das mir nie einfallen würde Schluß zu machen da ich dich mehr liebe als alles andere. Tu's aber bitte nicht wieder. Ich finde es auch echt gut von dir das du es mir geschrieben hast. Ich habe heute passbilder gemacht ich leg dir mal eins mit rein. Was ist denn bei dir so los. Hier ist eigentlich immer was los aber es wäre viel mehr los wenn du auch hier wärst. Ich glaub ich halt das ohne dich nicht mehr lange aus. Ich hatte noch nie Heimweh aber jetzt hab ich Heimweh. Das ist total die Scheiße. Jetzt hilft auch kein Überlegen mehr. Mir fällt nichts mehr ein nur noch eins *Daß ich dich liebe*. Ich schreib mal die Telefonnum-

mer mit auf dann kanst du mich ja mal anrufen. O.k. jetzt mach ich aber wirklich schluß

Tschüß Dein . . .

P.S. Guck nicht so auf die Schrift und die Fehler
P.S. Ich liebe dich

❤

Lieber . . .
Wie sehr ich mich an die Wartestunden auf Bahnhöfen erinnere, wo ich k.o., aber zumindest fern und glücklich unter Menschen saß, denen ich für wenige Sekunden durch einen Blick, der nichts versprach, der aber verstand, versuchte näherzutreten. Ich bin glücklich, daß ich Dich gefunden habe, und mir allmählich der Wert, der Du mir bist, aufgeht. Du hast ein großes Herz, mein Liebster, und viel Verständnis! Deshalb fühle ich mich bei Dir wohl.
In der Hinsicht möchte ich jedoch noch etwas loswerden, was mich bedrückt. Die Nächte, die wir zusammenlagen, haben uns beiden viel gegeben und bedeutet. Es bedarf aber für mich doch noch mehr Feingefühls – ich habe mich nicht immer ganz wohl gefühlt. Die Sexualität ist eine äußerst feine Sache, wobei der leiseste Mißklang etwas zerstören kann. Deshalb müssen wir demnächst noch vorsichtiger sein. Und vielleicht moralische Hemmungen verlieren, wenn es sein muß. Sonst wird es zu leicht eine Qual. Lieber einfach schlafen, als sich zu quälen. Ich möchte mit dem nächsten Kontakt dann lieber warten (wenn Du Dich, und ich mich, zu müde fühlen), um nur zärtlich und voll beherrschter Lust zu sein.
Ich danke Dir trotz der kleinen Enttäuschung und bin auch sonst noch die alte. Und schreibe mir bitte die Gefühle, die dieser Brief bei Dir auslöst. Ich glaube nicht mehr, daß Du nur mein Freund bist. Du bedeutest mir wohl noch viel, viel mehr.

Alles Liebe

Herzchen, (Chile)

neulich nacht wolltest du wissen, warum ich deine Füße so wunderbar finde. Bis dahin war es nur ein Wust überfließender Gefühle. Jetzt, aus der Entfernung, kann ich ein wenig Ordnung hineinbringen und dir sagen, warum.

Wirklich, deine Füße haben es bei mir mit der Zeit zu einer Sonderstellung gebracht. Fast glaube ich manchmal, ich mag sie auch ohne dich; ich liebe sie inzwischen.

Äußerlich gesehen ist an deinen Füßen eigentlich nichts Bemerkenswertes. Sie sind nicht groß und nicht klein, nur ein Zeh ist im Wachstum zurückgeblieben – sozusagen ein Miniaturzeh. Wenn deine Füße mich also rühren, wenn sie zärtliche Gefühle in mir auslösen, dann, weil ich anderes hinter ihnen sehe und weil sie so geschickt sind und sich so gekonnt bewegen. Manchmal, wenn wir beieinandersitzen und du sie mir auf den Schoß legst oder auch wenn wir liegen und du mich damit streichelst oder mir den Rücken massierst, sind deine Füße wie kluge Hände, die sich aufs Streicheln verstehen.

Ich hätte sie schon gern, wenn das alles wäre; aber es ist mehr, ich liebe sie. Ich liebe sie, weil ich ein besitzergreifender Mensch, weil ich nun einmal ein Macho bin, und wer so liebt, wie ich dich liebe, der will für den anderen nun einmal auch der beste Liebhaber sein, den der je gehabt hat. Es ist, wie wenn man auf einem Weg oder einer Treppe anfangs im Dunkeln tappt. Als wir uns kennenlernten, im Bett, meine ich, hatten wir beide schon eine lange »Schule des Lebens« hinter uns; ich würde fast sagen, wir hatten ausgelernt. Da waren deine Füße unsere erste Stufe. Als wir zum ersten Mal zusammen badeten, waren mir deine Füße eben am nächsten, das einzig Greifbare, und auf sie konzentrierte sich darum meine beginnende Zuneigung zu dir und die verbleibende Erotik dieser Nacht. Ich streichelte und küßte sie und lutschte Zehen und Sohle so hingebungsvoll und gekonnt ab, daß du zum

ersten Mal den Liebhaber in mir lobtest und mich einen Künstler nanntest. Danach wurden deine Füße zu einem selbstverständlichen Bestandteil unserer Liebesspiele: wenn ich dich mit dem Mund liebkoste und zugleich deine Füße streichelte und du dabei so intensiv kamst oder wenn ich an deiner Fußsohle leckte und du dabei mit dir selber spieltest oder wenn du mit deiner japanischen Reiterfigur auf mir reitest und ich dabei deine Füße streicheln kann.
Ich liebe deine Füße mit diesem Gemisch aus Sehnsucht nach Zweisamkeit und Wehmut, das einen überkommt, wenn man zwar noch nicht hoffnungslos alt ist, aber doch weiß: Die Hälfte des Lebens hat man hinter sich. Noch intensiver empfindet man dieses Gemisch, wenn man wie wir arg gebeutelt worden ist und weit weg von da, wo man herkommt, leben muß. Wenn wir zusammen baden und ich dir die Hornhaut von den Füßen schabe, denke ich manchmal: Mit diesen Füßen ist sie an so vielen Orten gelaufen, die wir beide kennen und die in unserem früheren Leben wichtig waren, und durch Gegenden, in denen wir, als wir ankamen in diesem uns damals so fremden Land, unsere ersten unsicheren Schritte taten. Ich liebe sie mit allem, was dazugehört.
(Übersetzung: Monika López)

♥

Na na, mein Lieber Liebhaber,
eigentlich müßte ich mich ja mächtig geschmeichelt fühlen (bin es auch), aber trotzdem: stop! in the name of love. Du deckst mich ganz schön zu mit Deinen preziosen Phantasien, young city hero meets power lady und Muse zum Gernhaben. Ich freue mich über Deine Gefühle, ich kann's auch gebrauchen, und wünsche Dir, daß Du Dich gut und glücklich fühlst, und herauskriegst, wo Deine Schuhe stehen. Walking your own boots.

Bloß, für Idol-Jobs bin ich nicht zu haben. Mein Leben ist weder ein Kino, noch die Keimzelle für Weltveränderung, noch eine Identitätsfabrik für Gott = Mama-Suchende. Deine brillanten Geistesblitze, Deine wunderschönen Bilder und Vergleiche und sonstigen Kostbarkeiten, mein Lieber, sind gleichwohl eine Art Wasserfall, also ein einseitige Sache, die den, der druntersteht, naßmacht. Vor ein paar Jahren wäre ich wahrscheinlich noch weniger streng gewesen, aber how life lives on, mittlerweile bleibt mir nichts anderes übrig als Klarheit. Paßt auch besser zu mir. Wenn ich, wie Du sagst, Dir so viel geben kann, so ist das okay für Dich, für mich aber ist es das Ergebnis eines leider oft ruppigen Lebens. Ich hab halt das eine oder andere einstecken müssen, das ist aber noch lange kein Grund für Starkult oder Anhimmelei. Zu oft hab ich für andere – aus denselben ehrenhaften Gründen – auf dem Tablett sitzen müssen. Doch das Karussell dreht sich rum, man schaut ganz dumm, alle sind sie plötzlich älter geworden, Ende der Unbedingheit. Die Jugendräusche, die ich gesammelt hab, ich glaub, ich könnte ohne Schwierigkeit eine Riesenausstellung machen. Mit mir als Fetischobjekt mittendrin. Ich weiß, daß Du Dich jetzt unverstanden fühlst, in Deinen ehrlichsten Gefühlen und Absichten gekränkt. Aber für jeden von euch ist es die absolute Einmaligkeit und Erstmaligkeit, alles andere hat es nie gegeben und ringsherum zählt gar nichts. Too bad, daß ich schon so eine ganze Reihe von Einmaligen, Erstmaligen, Unvergleichlichen, Völligneuen und Indivudualgenies kennenzulernen das Vergnügen hatte. Wenn jetzt die Spieglein in Deiner Wohnung alle zersplittern, dann magst Du es für ein Unglück halten und ein Unrecht obendrein. Für mich aber ist es die notwendige Voraussetzung, Dich weiterhin sehen zu können. Ich weiß, was ich mir auf alle Fälle ersparen möchte, denn am Ende ist es billig und deppert, und Du wolltest ja auch Ehrlichkeit haben.

Ich bin schon gern mit Dir zusammen, mein Lieber, aber Deine Über- und Unterschüsse, personality fiction und Rollentaumel – nix da. Guck lieber hin, wen Du wirklich vor Dir hast, das ist auf die Dauer auch besser für die Augen. Und wenn den Spieglein nichts passiert, fürcht ich, würdest Du auch in Zukunft wenig von mir sehen.

No more honey-love, baby

♥

Gestern abend entdeckte ich einen Mitbewohner in der neuen Wohnung. Eine sie, egal welchen Geschlechts, eine Maus. Sie sauste über den Flur und ich dachte kurz an den Kuchennachmittag. Durch den wir in einer halben Stunde sausten.
Ich wäre lieber richtig da gewesen.

♥

Lieber, doofer . . .,

1. Deinen Brief fand ich sehr niedlich.
2. Ich möchte Dich sehen. Ich habe aber keine Zeit.
3. Ich empfehle Dir: Mach nichts meinetwegen.
4. In wen hast Du Dich verliebt? Sag bloß nicht, in mich, weil es sich nicht lohnt.
5. Ich sage Dir nicht, mach dies oder mach das. Es ist Deine Sache.
6. Ich lache Dich nicht aus. Ich gehe schnell zur Post.

♥

Lieber . . .

heute, um 14–14.20–14.30–14.35–14.45–14.50–14.55 Uhr habe ich Dich angerufen. Ich fand es schließlich gut, daß Du nicht zu Hause warst. Ich dachte, Du gehst spazieren, und atmest frische Luft und guckst und freust Dich, daß Du lebst.

Ich wollte Dir bloß sagen, daß ich Dich liebhabe.

Lieber . . .
ich habe ein wenig Angst vor meinen Gefühlen, vielleicht fällt es mir deshalb so schwer, einen Anfang zu finden. Ich weiß nicht, was Du von mir erwartest, wie siehst Du das, das in Dir ein Wiedersehen wünscht?
Ich wage nicht, von Liebe zu Dir zu sprechen. Was ist es dann? Sehnsucht nach etwas, das mich einzigartig sein läßt? Denn ich denke (so wie ich von Dir weiß), daß ich Dein einziger Liebhaber bin.
Oh, . . . , erleichtert ausatmen möchte ich und Dir sagen, daß Deine schüchterne Unschuldigkeit (so wie ich sie zu erleben glaubte) mich nach Dir sehnen läßt. Jedoch macht mich Deine Unsicherheit stumm, denn ich glaube mich selbst zu verraten. Ich weiß nicht, ob Dir dies verständlich ist. Strömen meine Gefühle ins Leere? Sie würden, wenn Du auf einmal meintest, Du empfändest nicht homophil. (Eine Entscheidung, die nur dazu dienen würde, ein schlechtes Gewissen zu beruhigen.) Entschuldige, daß ich so sehr davon überzeugt bin!
Das Liebste an Deinem Körper war mir Dein Popo. (Ich gestehe, es klingt ein wenig komisch, aber es ist so.) Allein der Gedanke meiner Liebkosung Deiner wundervollen Rundung erregt mich sehr. Ich wünschte mir unendlich viel Zeit, mich weiter mit Deinem Körper zu beschäftigen, ihn noch intensiver zu erfahren, noch intensiver . . .
Ich habe solche Gedanken noch nie niedergeschrieben, aber ich wollte es Dir unbedingt sagen.

In Liebe . . .

P.S. Ich schäme mich und denke, ich sollte den kleinen Brief sofort zukleben und abschicken, bevor ich es mir anders überlege.

♥

Ich fand deinen Brief erst dufte, dann blöd, jetzt finde ich ihn so mittel.

Wenn man um etwas *weiß*, und dieses, was man weiß, auch akzeptiert, dann kann doch eigentlich nicht mehr viel passieren. Genauso finde ich, daß man Geschlechterrollen durchbrechen kann, dadurch daß man sich ihrer bewußt wird. Das ist der 1. Schritt. Der 2. ist, daß man sie erst mal akzeptieren *muß*.
Was das »gebumst werden ist Scheiße« anbelangt und das »den Spaß am Unterdrücktsein durchexerzieren« – da habe ich eine völlig andere Vorstellung. Dadurch, daß man den Spaß am Unterdrücktsein einfach ausklammert, macht man doch überhaupt nichts besser.
Ich hab zum Beispiel oft ein ziemliches Bedürfnis, daß mir weh getan wird, körperlich, von einer Frau. Es geilt mich einfach auf. Jemand tut mir weh, und ich weiß, daß sie es will und daß ich es will – und dabei kriege ich dann auch das Gefühl, daß jemand auf mich geil ist, mich will, mit mir was machen will, mich liebhat, ich wichtig bin. Und auf der anderen Seite kenne ich viele Mädchen, die es gern haben, wenn ihnen weh getan wird, die dann geil werden. Und das ist ein Spiel, das ich akzeptiere, seit einiger Zeit.
Zum Glück denke ich zur Zeit viel mehr an dich so als was Zärtliches. Würde am liebsten mit dir im Bett rumliegen. Vielleicht an deiner Seite einschlafen. Eigentlich find ich so was allerdings eine ziemliche Zumutung, mit jemandem ne ganze Nacht im Bett zu sein.
Ich höre jetzt hier auf. Habe dich deutlich bei mir.
So . . .

♥

Lieber . . .
Die Stadt ist noch nicht auf den Beinen.
Streichelst du mich? Wärm mir die Hände. Nimm mich etwas zu dir. Danke. Danke.

Ich liebe Dich

Umstände, Entfernung

Mein Zimmer ist hell und aufgeräumt, und ich fühl mich auch so. Auf der Straße ist es ruhig, die Sonne scheint, und ich frühstücke Kommandör, Kekse und Earl Grey.
Gestern war Kinderfest. Sah wild aus.
Möchte wissen, wie es dir geht. Ruf mich an und schütte was aus. Oder schreib mir.
Gerade vor dem »lieben Gruß« fühl ich dieses Riesenverlangen nach dir und würde dich gern lieben. Aug in Aug.
Ich nehm dich in den Arm und drück dich an mein Herz.

Lieber . . .

irgendwo im Meer lagen zwei Inseln, nicht weit voneinander entfernt, aber doch getrennt. Auf der einen lebte ein Mann, auf der anderen eine Frau. Irgendwann fragten sie sich, was es wohl auf der anderen Insel zu sehen gäbe, und der Zufall wollte es, daß sie am selben Tag zu der jeweils anderen Insel hinüberruderten, die Frau im Norden, der Mann im Süden. Neugierig guckten sie herum, guckten alles an und nahmen am Schluß dieses und jenes mit, was ihnen halt so gefiel.

Als sie auf ihre eigene Insel zurückkehrten, kriegten sie einen Mordsschreck, denn sie konnten sich nicht erklären, wieso ihre Sachen auf einmal so durcheinander waren. Natürlich kriegten sie's mit der Angst, weshalb sie am nächsten Tag gleich wieder rüberfuhren und alles zurückbrachten, was sie genommen hatten.

Als sie bei ihrer Rückkehr nun alles wieder vorfanden, erschraken sie noch mehr, und sie glaubten, daß irgendein Tier oder Kobold in ihrer Abwesenheit sein Spielchen trieb. Also versteckten sie ihre Siebensachen und legten ein paar schlaue Fallen an, um das Biest zu kriegen. Aber solange sie sich auch auf die Lauer legten und scharf aufpaßten — es passierte nichts.

Schließlich hielten sie es nicht mehr aus und beschlossen, noch ein letztes Mal auf der anderen Insel nachzusehen. Wieder trieben sie ihre Boote hinüber. Doch kaum waren sie an Land, als sie in die raffinierten Fallen stürzten, die sie füreinander gemacht hatten, ohne voneinander zu wissen. Nur mit großer Mühe und etlichen Verletzungen konnten sie sich daraus wieder befreien. Weil sie danach zu schwach waren, ihre Boote wie gewohnt zu steuern, kamen sie in die Strömung. Das war das erste Mal, daß sie sich sahen, und sie sollen sich angeschaut und sehr sehr lange nichts gesagt haben.

Irgendwie die Geschichte unserer Verfehlungen, findest

du nicht? Während ich alles versuche, dich zu erreichen, warst du bei mir zu Hause, wo ich nun wieder nicht war. Aber die nächste Zeit bin ich ganz sicher da.

Ich umarme dich

♥

Lieber, (Portugal)
wegen deines Briefes bin ich so durcheinander geworden, daß die Eier runterfielen und der Kaffee zu stark geworden ist. Ich war schon eine Woche zum Briefkasten umsonst gelaufen. Kannst Du nicht jeden Tag schreiben?
Das, was ich mit Ulrich habe, wird unserem Verhältnis nicht schaden. Und du? Was hast du für eine Beziehung zu dieser Frau? Läuft das gut? Hast du ihr was erzählt? Aber klar! Sie ist Deutsche, sie wird bestimmt nicht eifersüchtig. Oder hat sie auch Blut statt Wasser?

♥

Ja hallo hallo hallo,
she turned sour. »He captain, give me and this little ratlosen ficker a little / more Sauerstoff ox-i-gen!« / Sauer über SAUERBRUCH. / Einbruch – Einbruch – Einbruch – Einbruch – EINLEISTERBRUCH / Hat Notwendigeres zu tun. / Info: I am touched. I AM TOUCHED. Mitgekriegt? / Gib mir meine Platte zurück. DU HEULER. / Es bewegt sich was. Tarzan vergreist und Dracula wird Mickey Maus. / Belmondo schreibt Gedichte und läßt sich selbst voll außen vor. / Betterwerb – Broterwerb – Bretterwerb. / Erwerb dir was fürs Bett, / ein Brett ist immer nett, / die Liebe turnt erst richtig an, / wenn man auch was erwerben kann. / HEULFARMNORDSEEHEIDE, ein SCHOKOLADENFLUSS. Für den Jungen. / Mein deutscher Mann hat keinen Freud? / Lustlos, das ist sein Los. Los Lust. LOS LUST. / Stumme Glieder, auf und nieder. / Mein Mann hat

Freud, das ist sein Lustlos. / Er ist bewußtlos und ich verpuff bloß. / Los Junge, los, one way telephone, one way telephone. / Sie: He hallo, ich krieg so wenig Sauerstoff, captain. / Er: Äh äh umpf, Mist. / Sie: Ex ist ex. Exstasi. / O.K. Mama God, sag dem Ficker, er soll sich hierherschaffen — aber fix.

Come on home to . . .

♥

Mein Schatz!

Alle schreiben hier in der Stube, da hab ich mich auch aufgerafft und meine Schreibfaulheit überwunden. Außerdem werde ich Dich am Wochenende ja nicht sehen, weil ich hier eingesperrt bin. Henry ist übrigens schwer deprimiert, weil er wahrscheinlich auf die Sperrliste kommt. Er ist nämlich nicht rechtzeitig »vom Land« zurückgekommen, weil gestern seine Freundin kam, und sie sich wohl irgendwo ein Hotelzimmer genommen haben (tolle Idee, was!?!).

Am Montag sind Henry und ich gegen 01.00 Uhr angekommen. Tagsüber wurden wir wieder in gewohnter Weise gestreßt.

Am Abend bin ich ziemlich früh in die Stadt gefahren und habe mir bei Herti eine Flasche Rotwein gekauft und habe die an meinem Lieblingsplatz leergemacht. Von dem Platz aus hat man eine phantastische Sicht auf Flensburg, da habe ich so eine Stunde in tiefer Selbstreflexion versunken vor mich hin philosophiert und bin dann auf Umwegen zurück in die Kaserne gefahren.

Vielleicht verstecke ich Dich doch noch mal im Spind und hol Dich nach Feierabend raus, dann könnten wir zusammen eine Flasche Wein saufen, spazierengehen, auf der Koje liegen, uns unterhalten, vielleicht etwas schmusen und dann . . . hm . . .

Viele, viele Küsse von mir für Dich.

Liebe . . .!
Wir sind hier und du bist da. Macht nix. Glücklicherweise bin ich bei S. hängengeblieben, obwohl ich nach Irland wollte. 2 feiste Schenkel. Süß. Trotzdem. Leise Musik. Glaube, ich bleibe hier. Nicht einmal Bild eingetroffen. Trotzdem. Liebe F., weiter wie bisher. Schwesternschülerinnen haben alle einen Tripper. Bist süß. In Irland alles rote Muffen. Making love is out. Fucking is in. Schwesternschülerinnen aus Korea. Ziemlich eng gebaut, sehr zierlich, mußte ich feststellen. Ouweouweiouwei – que je souffre!! Micky Maus + Pommes frites! Ätsch. Hah! Immerhin! Wohl! Drauf! Ich zittere!

Vive la France und du

♥

Lieber . . .
Ich war am Sonntag sehr glücklich darüber, daß wir uns gefunden haben. Ich war ruhig und ausgeglichen. Ich bin durch die Nacht von einem unglücklichen Zustand in einen ausgeglichenen Zustand übergegangen. Und das war bestimmt nicht allein durch die Befriedigung meines Körpers. Ich ärgere mich, daß ich durchs Denken und das Erfinden von Theorien uns praktisch blockiert habe. Ich freue mich, daß du so geduldig warst und daß ich feststellen konnte, daß ich unsere Liebe nicht nur intensiv haben wollte, sondern auch erleben konnte.

♥

Sehr geehrter Herr . . .!
Zu unserem Bedauern mußten wir — die Aktionsfront zur Bekämpfung des männlichen Chauvinismus e. V. — anläßlich der gestrigen Geschehnisse feststellen, daß Sie im Moment (noch) nicht in der Lage sind, zur allgemein, besonders in Ihren Kreisen anerkannten Geburtenregelung hilfreich beizutragen.

Da jedoch bekannt ist, daß Sie zu dem durchaus schon bewußteren Teil unserer männlichen Mitmenschen gehören, können wir nur davon ausgehen, daß dies auf Ihre momentane diffizile finanzielle oder psychosomatische oder gar abstinente (??????) Situation zurückzuführen ist.
Daher hat sich unser Verein im Interesse unserer vielen Schwestern als auch im eigenen Interesse dazu entschlossen, Sie mit einer kleinen Spende aus Ihrer Notlage zu befreien. Wir vertrauen darauf, daß Sie das in Sie gesetzte Vertrauen nicht enttäuschen werden und verbleiben mit unserem Wahlspruch:
»Im Falle eines Falles
verhindert (oder fördert) Fromm fast alles!!!«

Mit solidarischen Grüßen,
Ihre . . .
(1. Vorsitzende)

♥

Bist du zufällig auch in der gegend? wir könnten mal tee trinken, junge frau!
aber keine unzucht mit abhängigen, was du jetzt wieder denkst. überhaupt keine unzucht. nur letztens, da wollte mich eine anmachen, da dacht ich, ok, und hab ihr vorgeschlagen, doch ins bett zu gehen und sich dann zu vergessen. das hat sie aber abgelehnt und ihren pelz (wieder) angelegt, worauf ich, fast betreten, sie fast erbost, zur tür geleitete. eine seltsame show.

ach . . .
es grüßt dich ganz lieb

♥

Liebe . . .
ich bin sehr angespannt, aber ich möchte Dir dennoch schreiben, als Ersatz für Telefongespräche.
Wie kann es nur kommen, und so schnell, daß ich mich so

nach Dir sehne, in jeder Hinsicht? Ich will nichts weiter sagen zu dem Besuch, es war zusammengefaßt sehr schön, ich habe es genossen, auch die gute Stimmung zwischen uns beiden, die sicher die Grundlage des Sich-an-dem-Schönen-freuen-Könnens war. Schade, daß ich hier durch den überfüllten Alltag schon wieder so weit entfernt bin von den Empfindungen und Gedanken bei Dir. Auf der Rückfahrt versuchte ich zu rekonstruieren und manches zu durchdenken, das ging freilich nur begrenzt . . .
Die ganze Zeit seit meiner Abfahrt habe ich so ein intensives Wärme-Empfinden und Gesprächsbedürfnis Dir gegenüber, auch den Wunsch, Dich körperlich in meiner Nähe zu haben . . .
Schön, daß ich ein paar Gegenstände hier habe, mit denen Du häufig umgingst, das Hemd und die Hose (wie witzig, daß sie mir so gut paßt).
Ich hab intensiv überlegt, was ich am besten tu, wie ich mich verhalte. Spät abends hat G. mich angerufen und lange mit mir über ihre alte Liebe und Nicht-Liebe geredet. Es hat die meiste Zeit geregnet. Was soll ich sagen, ich liebe und meine Seele fliegt, als ob es selbstverständlich wäre, daß sie das kann!

Laß es Dir gutgehen

♥

Liebe Braut!
Ich muß zum Hafen, das Schiff legt um ein Uhr ab. Mein Seesack ist gepackt, zuunterst liegt die Bohnensuppe. Ich hab versucht, mir ein Stück davon abzuschneiden, um den Rest bei euch zu lassen, aber sie war zu hart und die Axt habe ich nicht gefunden. Schade, daß ich nur drei Luken dicht gekriegt habe. Aber ich werde neues Glaspapier aus Ägypten mitbringen.
Liebste, wer hat deine Gitarre wie einen Eierschneider gespannt, und überhaupt: Warum ist alles so durcheinander?

Schön, daß ich in den letzten Stunden wenigstens deine Töchter um mich hatte, einen Abglanz deiner Klugheit und Herzensgüte.
Ich bin traurig, daß meine Reise diesmal ein Jahr dauert. Ich kann ihr nur deshalb ohne Verzweiflung entgegensehen, weil meine Liebe so groß, meine Geduld ewigglühend ist, weil ich weiß, daß wir so langsam alt werden, daß wir beide unsere Freiheit brauchen und daß du schon wieder genug von mir hattest.
O Liebste, du bist ein Diamant unter den Menschen, so klar und so hart, quatsch, ich meine, so beständig. Bleib mir treu, ich vertraue dir, weil du immer treu warst. Ich liebe dich ewig, du bist die Frau der Frauen, ich muß aufpassen, daß ich nicht sentimental werde.
Ich schicke die Flaschenpost von Kap Hoorn, schreib mir nach Singapur.

Ich liebe dich!

♥

Lieber . . .!
Vielen Dank für deinen Brief. Ich bin traurig, wenn du wieder säufst. Kannst du nicht davon wegkommen? Versuch es bitte !!
Über den Brief hab ich mich sehr gefreut. Ich danke dir noch mal. Ich habe dich lieb, ich werde dich immer ganz besonders liebhaben. Ich hoffe, du arbeitest wieder fleißig.

Ich umarme dich.

♥

Lieber . . .!
Was ist denn mit Dir los? Darfst Du nicht anrufen? Möchtest Du überhaupt nichts mehr von mir hören? Oder soll ich mir das Ganze einfach so erklären, daß eben so . . . daß Du die Nase voll von mir hast?

Man erreicht Dich in Marburg nicht mehr. Bekomme ich die Tel.-Nr. von Kassel?
Daß Du mich nicht mehr liebst, finde ich eine echte Sauerei!

♥

Du bist nicht mehr zu retten. Hast mir Sachen eingeredet, die überhaupt nicht stimmen. Daß ich Per liebe . . . Du hast einen Vogel. Das ist allein Besitzanspruch und nichts anderes. Per hat überhaupt keine Klarheit über sich selbst. Okay, okay, ich auch nicht. Wieso glaubst du mir nicht, verdammt noch mal, daß ich die Beziehung nicht haben will? Die war beschissen, und ich wähle nicht freiwillig die Scheiße als Begleiter meines Lebens. Ich kann mir nichts vornehmen. Entweder es ergibt sich was oder es ergibt sich nichts. Das kann nicht nach Plan laufen.

♥

Liebe Freundin,
glauben Sie mir, Sie sollten es lassen mit diesen hochhackigen Schuhen. Ich habe mitgezählt, Sie sind achtmal gestolpert gestern nachmittag, einmal wären Sie fast gestürzt und mußten sich an der Dresdner Bank festhalten. Symbolisch? Außerdem stehen Ihnen, wenn ich so sagen darf, halbhohe Schuhe viel viel besser — sie entsprechen nicht allein mehr Ihrem Alter, sondern auch Ihrem Charakter, Ihrer Ausstrahlung.
Ja, ich habe Sie verfolgt. Ich beobachte Sie schon seit längerem, es ist wunderschön. Bitte, erschrecken Sie nicht. Ist es nicht viel viel unschuldiger als das, was sich Menschen normalerweise antun? Und das im Namen der Liebe?
Sie sind mein Traum, und zugleich der lebendige Beweis, daß ich nicht bloß fantasiere — Sie lächeln, Sie atmen, Sie stolpern. Wenn ich Sie sehe, fühle ich mich mehr am Leben als je zuvor, und das, ohne Sie im mindesten in An-

spruch zu nehmen. Kann es eine Liebe geben, die diesen Namen mehr verdient hätte?
Verehrte Freundin — (ich fühle mich sehr im Recht, diese Anrede zu gebrauchen) —, wie schön Sie sind. Obwohl Sie jeden Tag dieselben Wege gehen, sind Sie immer etwas anders. Sie riechen sogar manchmal ganz unterschiedlich, was ich weiß, weil ich Ihnen auch schon mal ganz nahe gekommen bin, ohne daß Sie es bemerkten. Wie sollten Sie auch? Sie gucken ja wenig herum. Denken Sie viel? Träumen Sie? Haben Sie Angst? Oder verachten Sie alles um sich herum derart, daß Sie keine Blicke mehr riskieren? So jemand wie mich würden Sie sicherlich nie wahrnehmen. Geschweige denn ansprechen. Und doch können Sie lächeln, daß es mir durch und durch geht.
Ich habe viele Frauen beobachtet in meinem Leben. Es ist jedesmal wunderschön. Nun beobachte ich Sie, verliebt, neugierig, gespannt, wie es in Ihrem Leben weitergeht. Gespannt darauf, was Sie morgen machen werden, was Sie im Herbst anziehen, was Sie aus dem Winter machen.
Glauben Sie mir, diese Schuhe sind nichts für Sie. Genausowenig wie diese Gestalt von Mann, mit dem Sie öfters ausgehen. Was finden Sie an ihm? Sehen Sie nicht, daß er einer ist, der Sie nur ausnutzen will? Ich werde wahnsinnig, wenn ich daran denke, wie er Hand an Sie legt! Warum lassen Sie das zu? Wo Sie doch sonst niemand an sich heranlassen?
Hören Sie auf mich, bevor es zu spät ist. Ich habe einen Blick dafür.
Worum ich Sie bitte, ist, *ganz* so zu bleiben, wie Sie sind. Suchen Sie nicht nach mir, ich passe wohl kaum in Ihren Horizont. Wenn ich Sie nur weiterhin anschauen darf, bin ich sehr sehr glücklich. Ganz fern liegt es mir, Sie in irgendeiner Weise zu belästigen. Daß Sie nur ein einziges Mal etwas von mir in den Händen halten, war die einmalige Ausnahme meiner sonst so ruhigen Wünsche.

Lieber . . . Donnerstag (Chile)

ich höre gerade noch mal die Kassette mit den frechen Liedern von V. Jara. Auch wenn du es nicht gesagt hättest, hätte ich auch kein Parallel mit uns gefunden. Ich weiß nicht ob man, bei der Übersetzung, die Zweideutigkeit (heißt das so?) der Lieder beibehalten hat. Die sind sehr typisch von unserer Mentalität, unsere Klischees und die Frauenfeindlichkeit unserer Männer. Ich höre sie trotzdem gern.

Ich danke dir dafür, ich denke aber, daß es eine Verschwendung war, die leere Seite der Kassette. Hättest du mir etwas erzählen können.

Obwohl ich gern deine Briefe lese.

Ich bin sehr müde und muß pinkeln. Außerdem ist die Kassette vorbei und ich höre das Atmen von dem leeren Tonband.

Ich denke daran, wie wir Zärtlichkeiten tauschen. Wir küssen uns an die Wange und fassen uns so an, an den Kopf, an die Handen, wir schlafen sogar zusammen, wie gute Freunden die sich gern mögen und die Wärme des anderen brauchen.

Freitag

Mir geht's schon wieder schlecht, weil ich nicht aufgepaßt habe. Hier ist der Sommer ausgebrochen und ich bin barfuß gelaufen und viel an die Sonne gesessen. Jetzt habe ich viel zu tun zu Hause.

Heute regnet es und der Kater hat hinter der Tür geschissen, kein Zusammenhang, ich erzähle es nur.

Ich habe eine Überraschung für dich, du mußt ein bißchen warten und bekommst etwas von mir. Wieso? Einfach so. —

Grüße von . . .

Rums — die Decke fiel mir auf den Kopf, warum bist du nicht gekommen? Ich hätte gern mit dir geschlafen. Zum Frühstück könnte ich 4½-Minuten-Eier kochen. Vielleicht auch nur neben dir liegen, in der kühlen Wohnung, im frischen kühlen Bett. Keine Musik, nur das Hin und Her der vorbeirauschenden Autos. Keine Fragen nach Beruf und Höhe der Miete. Okay, auf Hinterhöfen stöbern, jedesmal, wenn ein Rinnsal von Verliebtheit durch mich fließt, verblaßt die Erinnerung an dich. In einem meiner rechten Zähne lockert sich eine Plombe. Wenn ich mit der Zunge an ihr spiele, seh ich dich lachend vor mir stehen. Zitternd ganz cool. Schüchtern, um nicht dreist zu sein, abwartend mit Augen fragend, ob ich dir in die appetitliche Wange beißen darf. Mein Haarausfall stört mich nicht die Bohne. Kahle Männer unter dreißig wirken oft so, als ob sie aufgrund ihrer frühen Glatze leiser treten müßten. Wie soll ich schreiben, woran ich denke, wenn ich an dich denke. Wenn ich mich gerad mit meinem Zimmernachbarn anschrei. Trockene Tränen, immer auf die Fresse, mein Schatz

mit aller Liebe

♥

Ich warne dich, das ist das letzte Mal. Ich bin nicht mehr bereit, nur böse Sachen zu hören. Ich halte ziemlich vieles aus, aber irgendwann sage ich basta! Ich habe dich immer wieder gesucht, weil ich dich mag, weil ich dich auf eine besondere Art auch liebe, weil ich dich brauche.
Jetzt mußt du dich entscheiden.

♥

Ich denke, daß Du ein Arschloch bist, daß ich Dich zum Teufel schicken sollte, daß es etc. etc. etc. Vor allem finde ich es eine Schweinerei, daß Du alles ausnutzt. Alles, was ich Dir erzählt habe oder irgendwann geäußert habe. Zum

Beispiel das mit dem Geld. Du weißt genau, daß ich sagen wollte: Früher hatte ich kein Geld, ich war aber glücklich, jetzt habe ich Geld und fühle mich beschissen. Jetzt sag, ob Du nicht ein Schwein bist, wenn Du es so verdrehst. Das finde ich zum Kotzen. Komm her und sag alles noch mal, aber vor mir und nicht x Kilometer entfernt. Du bist sehr mutig beim Schreiben, was? Wollen wir wetten, daß Du nicht mal die Hälfte vor mir sagen kannst?
Ganz ehrlich, ich würde mich gerne mit Dir treffen, aber nicht, um Dich zu küssen, sondern um Dich zu beißen. Komm, mein Kätzchen, ich will Dich streicheln.

♥

Lieber . . .
im Moment geht's mir ganz gut, deswegen habe ich nicht von mir hören lassen. Du weißt, daß ich nur dann an Dich denke, wenn ich Schwierigkeiten mit meinem Mann habe. Du weißt doch, daß Du nur da bist, damit ich Dich ausnutze.

Die Hexe.

♥

Liebe . . .
es macht mir viel Schmerzen und kostet viel Tränen und Kraft, Dir das jetzt zu schreiben: Ich möchte, daß Du mich erst mal — mindestens die nächsten Tage — nicht mehr besuchst.
Gestern hat mich wahnsinnig aufgewühlt, und ich weiß heute noch nicht, *was* eigentlich los ist.
Aber es hilft ja alles nichts. Ich sag erst mal, was mir so schrecklich auf der Seele liegt. Ich fühle mich von Dir so vereinnahmt, ja, einverleibt, es fühlt sich so an, als würdest Du Dich an mir festklammern, daß ich sogar jetzt noch, auf merkwürdig verschobene Art, stärker zu Deinem Anker werde.

Das Versorgen*müssen* als Sicherheits(Geborgenheits)ersatz ist doch eine altbekannte Struktur in Deinem Leben. Mach um Gottes willen keine Ehe- oder Zukunftspläne irgendeiner Art für mich jetzt. Ich finde das ganz entsetzlich und quälend. Deine Fürsorge und Panik, dein Ausgeliefertsein belasten mich.

♥

Lieber . . .
ich bin momentan in einer großen Hektik, die mir das Gefühl gibt, nicht mehr richtig zu leben. Weil ich auch nicht mehr genug Geld habe, muß ich abends noch arbeiten.
Ich habe keine Zeit, was für mich zu tun; ich stehe unter ständigem Zeitdruck, weswegen ich sehr oft schlechte Laune habe oder aggressiv bin. Der Wunsch, nach Spanien ans Meer zu fahren, ist ganz groß — Sehnsucht nach »Freiheit«, die am Meer für mich am ehesten verkörpert ist. Auftanken, Energie; ich habe manchmal das Gefühl, eine ausgetrocknete alte Zitrone zu sein.
Wie fühlst du dich?
Ich glaube, wenn es wieder wärmer wird, geht meine Stimmung auch nach oben.

Viele liebe Gedanken

♥

Lieber . . . (Spanien)
als ich adolescent war, habe ich mich immer nur in ältere und verheiratete Männer verliebt. Es waren immer »amores imposibles«, das heißt »unmögliche Lieben«. Das war natürlich eine Flucht, ich hatte Angst vor Jungen, mit denen die Liebe möglich war. Ist es nicht merkwürdig, daß Du Dich nur in verheirateten Frauen verliebst? Aber ich bin sicher, daß Du irgendwann jemanden finden wirst. Ich will Dich nicht trösten, auch nicht wenn ich Dir sage, daß ich Dich manchmal liebe, ich liebe Dich so ganz platonisch.

Jetzt höre ich auf mit dem Quatsch, auch wenn er keinen ist. Es ist 2 Uhr morgen.

Saludos, te quiero, cariños.

♥

Liebling,
ich bin ganz sentimental geworden, von wegen Menschheit und Erdball und Sanftheit und und. Die Afrikaner hatten ihre königlichen Klamotten ausgepackt. Die Afghanen beschworen jeden, den sie greifen konnten und hatten überall Bilder von Afghanistan aufgehängt. Ein paar Moslems besoffen sich und tanzten allein in der Ecke wie Schimpansen.
Am Schluß wollten zwei Polen uns, Monique und mich, abschleppen. Dreist. Naja, Monique hat einen grauen Benz, in den sind wir dann laut glucksend eingestiegen und hinweggeglitten.
Es war laut mit Salsa und Reggae. Ich habe immer gerufen: »No more Disco! Bob Marley, the king of Reggae!« Die Afrikaner fanden das spitze. Ich war schon etwas angeheitert. Dann kam plötzlich Oswald mit seiner DDR-Verwandtschaft auf die Szene und tanzte mit der Frau, die wir immer auf Feten treffen (die mit den langen dunklen Haaren und Pony, die mit den älteren Herren . . .).
Eine Frau aus DDR war auch dabei. Zahnärztin. Ich hab ihr fast die Finger gebrochen vor Rührung.
Heute fahre ich mit Monique aufs Land bis Samstagabend.

Ich liebe dich

♥

Lieber . . .
ich renne rum. Ich radle von A nach B. Ich hab es eilig. Ich habe viel zu tun. Papiere suchen, Krankenschein zum Arzt, Lohnsteuerkarte zum Job. Dies und alles andere. Abends bin ich die Tage immer auf Reserve gelaufen. Überdreht

(nicht paranoid), aber erleichtert. Mir scheint die Septemberabendsonne ins Gesicht. Gequält bin ich trotzdem.
Aber irgendwann hab ich's dann doch geschafft.
Das Bettzeug ist feucht und wird warm.
Zwischendurch. Währenddessen.
Ich glaube, ich arbeite recht viel. Möchte Geborgenheit.
Darling.
Bist du genervt von mir und diesem Gekritzel? Du denkst vielleicht: Warum kann sie nicht woanders hinplatzen. Warum überhaupt dieser Druck? Tja.
Ich habe mich mit B. getroffen. Er wirkte merkwürdig angeschlagen. Das Hierbleibenmüssen macht ihm nach 3 Jahren Weltreise sehr zu schaffen. Unsere gemeinsame Vergangenheit haben wir beide relativiert. Sie ist weit weg.
Wie verschieden du von ihm bist. Ich auch.
Insgesamt laß ich niemand heran.
Aber manchmal kann doch auch ich schön lieben, findest du nicht?
Wenn ich an dich denke, finde ich dich immer mächtig hübsch, take it or leave it.
Weil du so hell und glatt bist.
Ich zwinge meine Schultern runter und reibe mich ganz an dir.
Ich liebe dich noch immer.

Deine dich auf die Lippen und Eier küssende D.

Verlieren

Dein Gesicht, ich mag so sehr dein Gesicht. Ich denke sehr viel an dich. Habe Sehnsucht nach dir. Ich vermisse dich. Ich hatte mich ein Stück an dich gewöhnt. Ich möchte nicht, daß das mit uns so ein »nur einmal« ist.

Hallo . . .!
Eigentlich war der Tag heute ätzend! Was ich Dir jetzt schreibe, könnte ich Dir auch sagen, aber ich habe Angst, daß Du es falsch verstehst und wir uns wieder streiten. Dein letzter Brief hat mich eigentlich ziemlich geschafft! Ja, wirklich! Ich hatte Angst, daß Du Dir etwas antust! Ich weiß, Du glaubst mir nicht, aber es ist wahr! *Ich liebe Dich!* Trotzdem ist es wohl besser, wenn wir uns trennen, denn ich brauche jetzt Zeit, um mit alledem fertig zu werden. Mit unseren Streitereien machen wir uns kaputt! Ich glaube, daß ich Dich ganz schön »schaffe«. Aber ich gehe an der ganzen Beziehung ganz schön kaputt! Du wirst sicherlich lachen. Du mußt auch ziemlich kaputt sein, denn Du warst ja immer diejenige, die angekommen ist. Aber hast Du vielleicht schon einmal daran gedacht, daß ich es nicht kann?
Vielleicht können wir uns ja einmal unterhalten!?

Dein . . .

Ich liebe Dich!! ***Ich liebe Dich!!***

♥

Lieber . . .!
Seit Sonnabend rufe ich ständig bei Dir an, ohne Erfolg. Bist Du ewig unterwegs oder willst Du nicht gestört werden? Deshalb habe ich Dich in der Kneipe angerufen.
Daß ich Dich unglücklich mache, gefällt mir nicht. Manchmal denke ich, Du bist nicht mehr zu retten, Du leidest so oder so.
Vor uns — weil Du mich nicht hattest. Nach uns — weil Du mich nicht hast. Was willst Du überhaupt?
Ich habe mich neulich bei dem Gedanken erwischt, ich möchte Dich lachen sehen. Nicht, daß ich Dich anders haben will, nein, nur zusätzlich solltest Du lachen. Es tut nämlich gut.
Ich muß zugestehen, daß ich Dich glücklich sehen will, ob

ich das schaffe oder eine andere, spielt ja keine Rolle. Oder vielleicht will *ich* es schaffen. Ich denke, entweder bringt man es fertig, in dieser Gesellschaft zu leben, indem man sich ein Stück Freude schafft, oder man bringt sich um. Im Moment vermittelst Du mir einen Teil dieser Freude.
Ich besteh darauf, daß Du mir mehr erzählst.
Ich fürchte, ich werde Dich wieder verlassen, wenn Dich unsere Beziehung nur bedrückt. Ich kann niemandem mehr blind beistehen.
Ich verzichte ungern auf Dich; Gründe habe ich auch keine anderen. Ich weiß nur, daß ich eine lebendige Beziehung zu Dir und mit Dir haben will. So lange wir sie wollen.

Ich habe Dich lieb.

♥

Meine liebe . . .
wie weit diese Anrede noch stimmt, weiß ich nicht mehr zu beurteilen. Ich habe nämlich heute 3x versucht, Dich anzurufen. Du warst nicht da. Ich weiß auch genau, warum. Du warst wieder mit diesem Zombie unterwegs. Stimmt's? Der kann froh sein, daß er noch lebt! Letzte Woche habe ich nachts sein Auto vor der Kneipe gesehen. Natürlich habe ich dagegengetreten. Ein Messer hatte ich leider nicht. Wenn der mir in die Quere gekommen wäre . . .
Ja wäre. Zerfetzen würde ich ihn, die Hand, die Dich gestreichelt hat, jeder Finger; die Augen mitsamt dem Blick, mit dem er Dich anglotzt, jeden Fetzen Haut, nicht zu vergessen diesen stinkenden Schwanz, der es nicht lassen konnte. Ich habe gesehen, wie er sich bewegt, wie er sich zurechtgemacht hat. Nur um Dir zu gefallen! Dieser grüne Idiot!
Ich halt das nicht aus! Ich glaub, ich werd verrückt, das

kann alles nicht wahr sein. Du kannst Dich doch nicht mit solch einem Schleimer, Schwätzer, impotenten Säufer und Wald- und Wiesensoftie abgeben. Es gibt für so einen Typen bestimmt genug andere Frauen, grün und dick und muffig — aber nicht Dich.
Eine Frau wie Du kann sich einfach nicht mit so 'nem Dreck abgeben. Ich frage Dich: Hast Du den Verstand, all Deine Ansprüche verloren? Was kann dieser Kerl Dir bieten? Im Bett bestimmt überhaupt nichts.
Und denk bloß nicht, ich bin eifersüchtig. Du kannst machen, was Du willst. Ich warne Dich nur: Ruinier Dich nicht! Und ruf mich sofort an. Ich will Dich dringend sehen!

❤

Hallo . . .!
Ich sitze jetzt hier und warte darauf, daß Du anrufst. Was ich mir davon verspreche? Ich weiß auch nicht.
Gerade hat das Telefon geklingelt. Es war aber nicht für mich.
Du hast wohl mittlerweile meinen Brief gelesen. Dieser Brief war wohl das erste Aufbäumen gegen den — gegen was eigentlich? Gegen die Wirklichkeit? Gegen Deine Haltung? Ich weiß nicht. Ich habe nur (nur?!!) beschlossen, nicht einfach kampflos aufzugeben.
Ich will einfach nicht das Feld räumen.
Mittlerweile hatte ich auch genügend Zeit zu überlegen. Zu überlegen, warum ich was, wann getan habe.
Ich kann Dir im Grunde nur sagen, daß Du's mir viel zu leicht gemacht hast.
Das soll natürlich auch nicht heißen, daß Du in irgendeiner Weise an der (zugegebenermaßen beschissenen) Entwicklung unserer Beziehung schuld sein sollst.
D. h., wir konnten zu einer bestimmten Zeit nicht anders. Alles, was davon übriggeblieben ist (und jetzt mach ich

mich gern zum Hampelmann), ist eben, daß ich einfach nicht vergessen kann, was wir irgendwann einmal zusammen gemacht haben (und wenn's noch so wenig war).
Jetzt ist es halb 12. Um Punkt 10.48 habe ich den Sülzgürtel angerufen, man hat mir gesagt, daß Du jeden Augenblick eintrudeln wirst.
Ich weiß nicht, was ich noch schreiben soll!
Doch! vielleicht doch, ich schreib ganz einfach, daß ich Dich, nein nicht mag, daß ich Dich liebe. Ich könnte Dir noch so viel erzählen, schreiben, sagen. Mein Gott, wir haben so wenig Zeit!
Und ich habe so viele Fragen.

Ich (auch wenn ich verloren hab) liebe Dich!

♥

Liebe . . .
Ich bin an einem absoluten Nullpunkt angelangt, jetzt endgültig. Lach dich ruhig halbtot oder tu sonst etwas, mir ist alles egal. Gestern, es hat sich alles in mir zusammengezogen, als ich dich gesehen habe. Es tut mir alles weh!
Gestern nacht bin ich in der Stadt herumgerannt und habe nach dir gesucht. Nein, dich kratzt das alles nicht, warum auch, du bist's ja schließlich nicht, die damit fertig werden muß! Sicher, für dich ist es leicht, vielleicht hat's dich auch sehr angewidert. Ich komme nicht darüber hinweg, daß du mir nicht geglaubt hast. Ich kann jetzt nichts weiter tun. Warum man auf diesen Scheißball von Erde gesetzt worden ist, das habe ich mich jetzt oft genug gefragt: aus Versehen . . . und ungewollt, und alles sinnlos.
In 5 Tagen nur 30 Stunden geschlafen, heute morgen zusammengesackt. Ich träume von dir. Im Traum sagst du immer, was du wirklich meinst. . . ., warum glaubst du mir nichts? Ich könnte schreien. Deine Hände kreisen nachts immer über meinem Kopf und am Tage muß ich Bretter schleppen, was anderes darf ich dort nicht.

. . ., ich liebe dich! Es hat alles keinen Zweck, du glaubst mir ja nicht, du sagst immer, ich mache dir was vor.
Ich wünsche dir, daß du immer glücklich und lustig bist, deshalb muß es wohl so sein, so muß alles so sein, ich breche dann auch langsam kaputt, aber du sollst glücklich sein, aber es geht niemals so weiter, ich brauche dich!
Wenn du mich ankotzen willst, nachdem du das hier gelesen hast, tu das!! Wenn es so ist, dann schicke mir bitte eine Karte mit einem grünen Strich! Aber schreibe meine Anschrift nicht selbst, ich kann nichts von dir sehen, deine Schrift erinnert mich an deine Hände, die sind so schön, und so schrecklich kreisen sie nachts über meinem Kopf. So nah, aber doch unerreichbar.
Deine Hände werden für mich immer unerreichbar sein. Deine Hände sind schön, sie erwecken noch Hoffnungsschimmer, sie machen mich glücklich, wenn ich nur an sie denke! Leider aber nur für einen Moment.
. . ., du bist für mich Luft, und Luft braucht man, man atmet sie ein, um zu leben, man muß sie einatmen, ich muß es, ich muß!!

Ich habe Angst, bitte denke nicht an mich, wenn du es nicht mußt!

♥

Liebe . . .
gerade der Satz »Warum demütigst Du mich so?« — Oh, nein, das tu ich nicht. Anbetteln um Zuneigung? Ich bitte Dich, vergiß diesen Satz, denn er ist nicht wahr. Weißt Du, mir geht es im Moment mies, ja zum erstenmal mies. Was verrennst Du Dich so in Gesprächen, warum machst du mich so an, warum schlagen wir uns die Köpfe ein — hab ich mich oft gefragt. Ich kann Dir für jeden Satz Deines Briefes eine Erklärung geben, für Deinen Haß, für Deine noch übriggebliebene Liebe zu mir, auch die Drohung, mich zerfleischen zu können.

Ich will nichts entschuldigen — ich komme heute abend nicht, ich habe vor zwei Tagen eine Verabredung getroffen, die ich — diesmal geht es um *mich* und nur um meine Gefühle — die ich habe und nicht wegstreichen kann. Du sagst, ohne Rücksicht auf alles andere, was mich dauernd hindert, soll ich heute abend zu Dir kommen. Obwohl ich zwischen zwei Stühlen stehe und daran erkenne, daß ich emotional noch sehr an Dir hänge, trotz allem kann ich heute abend nicht.
Ich hoffe, daß Du die Zeilen noch nicht in den Papierkorb geschmissen hast und auch nicht machst, denn dann haßt du mich doch mehr, als ich dachte. Liebe ist ein Zustand der Verletzbarkeit, ich weiß es, aber *Dich* will ich nicht verletzen, nein.

Ich habe ganz einfach Angst, Dich zu verlieren.

♥

Ich hab schon geahnt, daß es geschieht, jemand kam, ein neuer Mann für dich begann, er bedeutet dir auf einmal mehr als ich, wie banal und alltäglich das doch klingt und mich dennoch ganz aus meiner Fassung bringt. Denn die Wahrheit mir auch weh tut . . .
Andre Arme haben mich gehalten — ich hab dich tausendmal gesucht, wie oft hab ich dich schon verflucht, bin dir hinterhergerannt, hab dich aus meinem Hirn verbrannt und immer wieder — hab ich bloß dich geliebt — nichts ist schlimmer als ein Engel, der weiß, was er will. — mich an fremder Haut gerieben — bin dir treu geblieben. Lauter Lieder, Gedanken, Sätze und Worte gehen mir durch den Kopf — nein (!) kein Gesülze, es sind *meine* Gefühle.
Du, es ist so vieles. Ja, du liebst Barry (mehr als mich), ich freue mich für dich und doch merke ich, wie schwer es ist, die klugen Sätze, die ich ausgespuckt habe, jetzt auch zu realisieren. Seinen Blick beim Übergeben der Rose — ich fühlte mich ausgelacht, belächelt und irgendwie verarscht.

Wäre im Boden versunken, hätte heulen können. Andante, andante, go slowly with me, please. Bin sehr empfindlich, es kommt langsam ein Punkt, ja irgendwie schon. Fühl mich allein, klammere mich an Achmed, liebe ihn, ja mache irgendwie dasselbe wie du, nur bin ich jetzt irgendwie verletzt und kann dich besser verstehen. Ich merke, daß ich auch aus Eitelkeit verletzt bin und find das Scheiße, denn es ist so: du liebst ihn und ich finde mich damit ab. Habe keine Lust, mich zu erniedrigen, den Clown zu spielen. Stolz!

Du verstehst?

♥

Na gut, heute war wieder so ein Tag, den ich eigentlich versoffen haben hätte müssen. Ich hab's nicht getan, warum? Ich weiß auch nicht — aber nachdem ich dich zum ersten Mal angerufen hatte, da wollte ich eigentlich so lange anrufen, bis daß du am Telefon bist.

Ich habe dauernd an dich gedacht — wie immer. Ich habe dich öfters anrufen müssen. Ich liebe dich.

Ich möchte fürchterlich gern, daß wir uns, ja was soll ich jetzt sagen, vielleicht, daß wir uns so wie im Winter verstehen. Aber das ist nicht alles, das Wichtigste kommt noch! Ich brauche dich. Allein, allein, da bin ich verloren, allein kann ich gar nichts mehr. Ich will dir hier zum ersten Mal, hoffentlich nicht zum letzten Mal, sagen, daß ich fürchterlich auf dich angewiesen bin. Ich liebe dich. Jeder verfluchte Tag, an dem ich dich nicht sehe, geht mir so auf den Sack, ich weiß nicht wie.

Ich liebe dich. Ich gehe kaputt, wenn du irgendeinen anderen — Bitte, nimm mich beim Wort und hilf mir! Ich bin fertig. — Okay. Aber bitte, ich will nicht, daß du meinst, daß ich nur wegen mir usw. Ich will mich auch, aber ich habe so oft geweint ohne dich. Ich möchte mit dir weinen, mehr kann ich nicht.

Aus!

Love you so much can not keep on.
It is too much for me.
I can not resist any more.
I have to say my last words. I think you have enough experience.
Look after the next man you learn well.
I am not good enough for you, I hope you will find a better one which will make you happy and understand you well.
I have too much pain.
Look after yourself.
Please, when you wake up, go down and leave in my room some money for me to buy food till the end of the month.

Du verfluchte verteufelte Schlampe, du elendes Zerrbild, du, die ich nicht mehr *du* nennen kann,
verrückt, grausam, besessen, irre — *das* bist du! Etwas hat sich auf mich geworfen, das ich meinte, mit du anreden zu müssen — und das nichts anderes im Sinn hatte, als meine Seele zu fressen, auszutrinken, mir Säure und Hochmut ins Herz zu gießen, mir mit der Schere der Gefühle mein Antlitz wegzuschneiden, so daß nur eine plumpe Puppe zurückbleibt, ein Sack aus Nichts und Angst und Ungläubigkeit.
Ich habe gelernt, dich zu verachten.
Ich war immer ein leichtes Opfer für dich — weil ich dich geliebt habe. *Geliebt!* Ich habe dich in mir aufgenommen, dich ernst genommen, mich bereitwillig verloren und aufgegeben und aufgegeben, um so für dich dazusein, wie die Liebe es verlangt.
Lach nur. Lach du nur dein Lachen, ich kenne es gut genug, ich bin weit weg, du hast nichts zu befürchten, es erhöht vielleicht noch deinen Spaß, den du mit den nächsten Kerlen hast, mein Erbarmen gilt ihnen schon jetzt und all den Männern, die du in dein elendes Bett geschleppt hast, die dir neue Nahrung geben mußten, so wie ich es mußte. Lach nur weiter, auch dir wird es eines Tages in den Ohren gellen, und es wird dir entsetzlich aufgehen, welche menschlichen Trümmerfelder hinter dir liegen, und keiner wird mehr dasein, um dich zu lieben. *Keiner.*
Du lastest auf mir. Mehr als ein bloßer Schatten, mit deinem ganzen Verrat und all den Demütigungen, die man heutzutage wohl nicht mehr so nennt, wo man doch angeblich so frei geworden ist. Ja, ich habe wach gelegen, trotz des Alkohols, und in meine Hände gebrüllt aus Wut über meine Geduld, meine Zutraulichkeit, meine Zurückhaltung, meine Selbsttäuschung. Meine humanen Tugenden. Du wolltest meine Liebe nie, du wolltest meine Dienstleitung, und ich konnte nie ohne dich sein. Du hast

gewußt, wie ich dich vergöttert habe, und das war an sich kein Fehler, denn so versteh ich die Liebe, daß man sich nicht bloß nützt, sondern sich gegenseitig in den höchsten menschlichen Himmel hebt. Wo sonst sollten die Götter sein und das Ende des grenzenlosen Beschisses, der sich Leben nennt?!!

Wenn überhaupt, dann bist du die Göttin der Grausamkeit, des Betruges, *die* Qualitäten hast du allemal, ich hätte keine Hemmungen mehr, dich anzuschreien und wieder anzuschreien, was du wahrscheinlich auch noch genießen würdest. Ich *verachte* dich, weil du mich gezwungen hast, so was zu denken, zu sagen und zu schreiben. Weil du mich so weit runtergebracht hast, daß ich mich mehr verachte als jemals zuvor und nicht mehr weiß, wer ich bin. Du hast immer nur genommen. Gegeben nie! Ich merke es auch daran, daß ich jetzt nicht das geringste von dir hier habe, auf dem ich herumtrampeln könnte. Es würde mich erleichtern. Aber auch *das* hast du verhindert. Du bist schlau in deiner Rücksichtslosigkeit, ja, das bist du.

Ich werde nicht kommen. Es würde mir den letzten Rest geben, wenn ich noch einmal angekrochen käme, um deinem Irrsinn meinen Körper und meine Seele hinzuwerfen.

Ich bin frei, dich zu verachten.

♥

Das aufzuarbeiten, was war und was ist — unmöglich. Tausend Gedanken — Freude — Resignation im Kopf, Anfang, Ende, Mut, Untergang. Wenn ich (und vielleicht du) etwas verloren habe, sind es Illusionen — gewonnen: Erfahrungen??? Enttäuscht sind wir gegenseitig von uns selbst. Ich, oft der Unreife, aber dafür derjenige, der intuitiv reiner und humaner, egoistischer und illusionistischer denkt. Du wechselnd zwischen stark und schwach, vergrämt und lustig, Exzess suchend in Begierde, abgeklärt und tot. Daß ich mich von dir trennen will und du von mir, liegt daran,

daß ich (und du) ehrlich sein werde. Wir gehen nicht auseinander wie nach einem schlechten Geschäft, denn Betrug wäre höchstens Selbstbetrug.
Laß mich allein, ich bin erschöpft für dich. Wenn ich weitermachen würde, es wäre nicht voll und ganz, nicht frei und schön, nicht liebend und lebend.
Ich weiß nicht einmal, wie es alles so kam, daß es jetzt so ist. Ich will nicht mehr. Ich habe keine Zeit, den Weg zu dir auf mich zu nehmen. Fesseln? Können zu eng werden, ich habe nur den Wunsch, loszureißen und wegzurennen von dir, und dieser Wunsch ist größer als alle Liebe zu dir, die immer noch da ist. Ich werde sie ersticken, wie man junge Katzen erstickt, weil sie niemand haben will und man selbst sie nicht zum Über-Leben braucht. Obwohl, und das ist komisch, ich traurig sein werde, wenn wir uns wiedersehen, und du mich übersehen wirst, lässig gerade in ein Gespräch vertieft. Sich lieben, sich hassen, sich töten mit besseren Waffen — es ist aus.
Gestern sah ich den Mond in den Innenhof scheinen und er lehrte mich, daß man über seine Strahlen, die er über das Wasser schickt, nicht gehen kann. Dies ist das Ende der Beziehung, die wir geführt haben, Sonntag, 7. November, 2.26 MEZ. 22 Monate und einen knappen Tag. Ich umarme dich ein allerletztes Mal. Versuche nicht, das was war, aufleben zu lassen, es geht nicht, weil ich nicht mehr will. Was mir weh tut, ist deine Konsequenz, mich nicht mehr zu kennen, aber Schmerz geht vorbei.

♥

Schluß jetzt!

Es ist immer dasselbe Strickmuster: Du gibst eine überkommene — egozentrische — Fiktion von mir bzw. von unserer Beziehung vor, und ich arbeite mich dann daran ab. Umsonst allerdings.
Diesmal ist es mir wieder ganz deutlich geworden, daß

es einfach zwecklos ist, gegen deine verlogenen narzißtischen Spiele und deine peinlichen Koketteriemanöver anzureden.
Was ich auch im Laufe der Jahre (und wie oft auch immer) deinem Bauchgepinsel (. . . womit hab ich die Liebe einer solchen Frau verdient . . . so, so . . . du hast mich also geliebt . . . wie kommt nur jemand wie ich zu solcher *Macht* . . . oh, stöhn . . . an Aufrichtigkeit — in Penetranz —) entgegengesetzt habe.
Du hast es einfach verdrängt, überhört, ignoriert, lächerlich gemacht.

Du Pinsel, verpiß dich doch.

♥

Dich verlieren an dein Glück oder dein Unglück? Und nicht wissen können, welches es ist. Dich nicht verlieren an dich oder an das, was nicht »du« bist, und wie entscheiden, was du bist. Dich nicht verlieren wollen.
Dich nicht verlieren müssen — vielleicht wenn wir stärker sind als dieses Un-Glück, das Kraft schöpft aus unserer Liebe. Wenn ich dich verliere, was tut mir dann weh?
Nicht der Kopf, nicht der Körper, nicht die Arme und nicht die Beine. Sie sind müde, aber sie tun nicht weh, oder nicht ärger, als das eine Bein immer weh tut. Das Atmen tut nicht weh, es ist etwas beengt, aber weniger als von einer Erkältung.
Der Rücken tut nicht weh, nicht der Magen, die Nieren tun nicht weh und auch nicht das Herz. Warum ertrage ich es dann nicht, dich zu verlieren?
Ich will nicht dorthin kommen, wo an der Stelle der erschöpften Liebe die Gleichgültigkeit sich breitmacht, wo, wenn das Weinen vorbei ist, das Gähnen beginnt. Wo dein Fragen nach deiner Freiheit vielleicht hartherzig wird und wimmelt von klugen Worten, auf was du verzichtest, indem du verzichtest auf mich.

Noch nie hat ein Argument Liebe beendet. Nicht weil ich dich lieben muß, sondern weil du da bist.
Vielleicht weil ich bin, wie ich bin, aber sicher, weil du bist, wie du bist. Und doch ist vieles ungesagt und ein Brief kann nicht all das sagen, was ich sagen will.

. . . (mit einem kleinen Stern)

♥

du Drecksack, du Miststück, du Arsch von einem Kerl, du Arsch und Idiot, du bist das letzte Stück Dreck, das mir untergekommen ist!!!
Oh, verflucht was war ich bescheuert, und dabei hab ich's auch noch gewußt, ich hab es gewußt, und ich laß mich auch noch durchbumsen von so einem Käsehoch, der an nichts glaubt, nur seine wunderbare Zwergenspucke, und glaubt, er könnte mich einfach gratis durch seine kaputten Fantasien hetzen und dann seinen Kotflügel mit mir ausbeulen!!
Du bist das Schwein!! DU! Drecksack, bornierter, perverser, abartiger, fick doch deinen Schäferhund, du Aas, oder sauf seine Pisse, wenn du Idiot drauf abfährst, oder dein Auto, das ist doch auch was feines.
Ich könnte kotzen, wenn ich daran zurückdenke, mir kommt's von dem Ganzen derartig hoch, ich kann gar nicht sagen, wie mich das geschockt und fertiggemacht hat, ich glaub fast, ich hab bald einen an der Klatsche, und schuld bist nur du und mehr als schuld.
Und ich fall auch noch drauf rein auf dieses ganze Liebesgewichse.
Du Dreckstück hast mich so fertiggemacht. Wenn ich dich jemals wiedersehe, weiß ich nicht, was passiert. Am besten ist es, du verreckst vorher.
Du bist in meinen Augen ein Haufen Scheiße, genau das und nichts anderes. Dreh dein Feuerzeug an und halt's dir in die Nase oder in den Arsch und verbrenn den Brief und

sag nie, daß du auch nur irgendwas jemals mit mir zu tun gehabt hast, Drecksack!!!!!!!!!

Jetzt sauf ich Schnaps und weiß, warum.

♥

Vielleicht ist Dir nicht der hauchfeine Unterschied zwischen einem Menschen und einem Bauklotz aufgefallen. Ich weiß, daß er manchmal gar nicht so einfach zu sehen ist.
Deine Antwort hat ungefähr die Wirkung eines Vorschlaghammers auf eine Ameise gehabt. Ich hoffe, Du kriegst noch raus, daß meine Wenigkeit ein Mensch ist und kein Spielzeug. Die Schwierigkeit hat nicht nur darin gelegen, daß Du Dich in jemand anders verknallt hast, sondern auch darin, daß ich deshalb nicht aufgehört hatte (hab !), Dich in mir zu tragen. Wenn dem nicht auch irgendwie umgekehrt so gewesen ist, frag ich mich, was Du in der ganzen Zeit mit mir gemacht hast?
Wozu denn noch den ganzen Rest, wenn Leute wie Du völlig ausreichen, Menschen in heulend vor sich hinstolpernde Idioten zu verwandeln?
Die Menschen machen Dich, und *Du machst die Menschen.*
Du siehst, ich hab mein Gänseblümchen abgezupft, es war ein ziemlich schönes: Jetzt tust Du mir weh, und zwar bisher jeden Tag. Das ist das erste Mal in meinem Leben, daß ich jemandem so einen Brief schreibe, hoffentlich das letzte Mal.
Ich hab Angst, Angst, daß ich zynisch, verbittert, mißtrauisch, berechnend, auf eine schlechte Art: erwachsen werde.

Du gehst mir auf den Wecker.

F.,
ich muß Dir schreiben, weil ich höllische Stunden durchmache. Du hast Besuch von Veronika, das hast Du mir ja höflich und vorsichtig mitgeteilt. Durch die Blume, sozusagen, und dagegen kann man sich ja schlecht wehren. Deine alte Affäre. Mein altes Leiden. Und ich dachte, die Zeiten wären vorbei.
Was machst Du mit ihr? Kennt sie schon Deine neuesten Lieblingsanekdoten? Deine »Spezial-Effekte«? Hast Du sie gevögelt, nachdem Du schnell mein Bild von der Wand genommen hast?
Ich hoffe, ihr sprecht nicht von mir. Es ist sowieso aus. Ich will Dich nicht mehr berühren, ich empfinde nichts als Ekel. Und viel saure Traurigkeit. Ich will auch nichts »verstehen«. Was soll ich schon verstehen, als daß ich ein vorübergehender Spaß bin für Deinen ach so mobilen Genuß.
Es gibt kein Verständnis für Betrug. Nicht Deine Affäre ist der Betrug (das ist bloß geschmacklos), sondern Deine Unehrlichkeit, Deine so kitschig verschleierte Verweigerung.
Ich wollte Euch nicht zusammen sehen. Deshalb bin ich nicht gekommen, was ja wohl auch besser war. Du hast doch nicht im Ernst auf mich gewartet, und für einen »Dreier« fehlt mir mittlerweile der Humor bzw. die Gleichgültigkeit.

Ich falle vom Fleisch.
Ich bin nicht zu sprechen für Dich.

Danach

Ich
Ich habe
Ich habe Dich
Ich habe Dich geliebt.
Zu Denken — vergessen —
Ich
Ich vergaß
Ich vergaß daß
Ich vergaß oft, daß ich dich liebte.
Liebe — ewig —
Das
Das sagtest
Das sagtest du
Du sagtest, daß Liebe ewig dauert.
Glauben — Ungläubigkeit bei mir —
Ich
Ich glaube
Ich glaube das
Ich glaube das allerdings erst jetzt.
Ich hab dich lieb!
Trotzdem!

Hallo . . .
ja, wo und wie soll ich anfangen, ich muß sagen, ich war ziemlich überrascht, als du mich Ende August angerufen hast. Ich fühlte mich so ca. 3 Jahre zurückversetzt, und alles war plötzlich wieder gegenwärtig, alles Dinge, die aus meinem jetzigen Leben ziemlich draußen sind. Eigentlich genau wie unsere Beziehung, die vorbei ist und die mich weder positiv noch negativ berührt.
Du fragest mich, ob ich nichts mehr von dir wissen will. So kann man die Frage nicht stellen. Ich weiß nicht, welches Interesse du noch an mir hast, warum du überhaupt angerufen hast. War es nur aus einer Laune heraus, als du alte Briefe sortiert hast, oder bist du in dem Moment einsam gewesen, war dein Freund nicht da und du erinnertest dich an Gewesenes? Du warst und bist einfach zu weit weg von mir, hast eine Beziehung, ein Baby, lebst zwar nur 8 km von mir, aber in einer anderen Welt, und ich weiß im Moment nicht einmal, in welcher, was du machst und ob es dir gutgeht, aber ich hatte damals im Mai den Eindruck, du brauchst mich nicht mehr, und auf gezwungene Konversation bei Kaffee und Kuchen kann ich verzichten.
Das Schlimmste für mich war jedoch immer die Stimmung, die gezwungene, bedrückte Atmosphäre, schneidend, wenn wir uns trafen. Hast du doch bestimmt auch gespürt und nie was gesagt. Aneinander vorbeigelaufen gegenseitig?

Wenn wir uns wiedersehen sollten, möchte ich vieles wissen, ungezwungen o. k., aber nicht unverbindlich.

♥

Lieber . . .
Ich sitze da im Bad, etwas gekrümmt vor der Heizung — ich kann nicht schlafen, ich habe Schmerzen.
Ich versuchte, bemühte mich um ein Gespräch mit mir selbst — dauernd brechen die Gedanken ab.

Mein Mann kommt ins Schlafzimmer, er zündet eine Kerze an. Sie ist kurz vorm Abbrennen. Wenn er kommt, stelle ich mich wie üblich schlafend. Obwohl ich hellwach bin, ich hätte soviel zu sagen — aber ich bleibe eingeschlossen in meiner Traurigkeit. So warte ich.
Sind die Menschen unfähig, sich gegenseitig zu lieben? Bin ich es —? Manchmal glaube ich das — obwohl ich mich ja bemühe —
Ich opfere viel Kraft, tue viel, aber kein Echo! Es war wieder nicht das Richtige.
Das gleiche wird er jetzt denken. Und du?
Ich möchte dir kaum ein Foto schicken, ich finde kein wirklich gutes von mir. Ich bin so mager geworden.
Liebst (»magst«) du mich noch?
In der letzten Zeit kommen mir viele Erinnerungen an »unsere« Zeit. Oft möchte ich zu dir zurückkehren. Unsere Ehe, unser Zusammenleben ist niveaulos geworden. Alles scheint uns zuzusetzen. Wir einander am meisten.
Und wir? *Du* und ich?
Ich liebe dich noch. Vielleicht mehr denn je. Aber ich kann nicht einen Schatten aus der Vergangenheit lieben!
Das einzige, was dich bedrücken könnte, wäre — Einsamkeit? Aber gerade daran fehlt es mir oft!
Gib mir davon.

Es küßt dich . . .

♥

Hallo . . . (Türkei)
Endschuldige, daß ich Dir schreibe.
Ich habe nicht vergessen, das Du mir vorgehalten hast, jeden Kontakt von Dir abzubrechen.
Ich will deswegen mit diesem Brief nicht dein neuen Gesetzbuch mißachten.
Es ist gesetzwidrig von mir, Dir jetzt zu schreiben. Aber ich dachte, — ich bin bei Dir noch nicht vorbestraft.

Fehlern und Schwächen haben wir beide gehapt. Ich glaube, ohne das währen wir Heute noch zusammen.
Ich habe Dich Heute, nach so langer Zeit, bei Regen auf der Straße von weiten gesehen und wieder erkannt. Obwohl Dein Gesichtsausdruck so schlimm aussah, wie damals, als Du manchmal nicht mehr weiterwusstest — in Deiner angst, und mit der Angst zu kämpfen, mit ihm oder ohne ihm.
Ich bin froh, daß Du mich nicht gesehen hast. Denn Du solltest nicht sehen, wie verzweifelt und Traurig ich war. Ausserdem will ich Dich nicht verletzen. Weil ich weiß, daß Du mich noch liebst. Deshalb von Dir nichts hören lässt. Aus Liebe zu Dir, lasse ich Dir den Vortritt.
Verzeih mir für meine Schwächen, . . .
Es ist besser, wenn . . . sich von mein Gedächtnis trennt, sage ich immer wieder.
Komme nicht zu einem entschluss, weil ich Dich nicht vergessen will.
Ich werde rechtmäßig und legal sein. Dir diesen Brief niemals zuschicken. Aber wenn dieser Brief ins Buch kommt, wirst Du mich verstehen und würdest mich zu Dir rufen. Aber dann werde ich nicht mehr zu finden sein. Ja Dich meine ich.
Du hast das Buch vor Dir. Weiß Gott aus welchem auch immer, vielleicht suchst Du deinen Geliebten irgentwo in deinem Unbewusten. Ich schaue Dich jetzt in diesem moment »an«. Ganz nett wie damals und küsse Dich an Deiner Wange.
Entschuldig, ich habe dabei denn Weinglas umfallen lassen, da siehst Du wieder mal meine Unvorsichtigkeit.
Ich Danke Dir für dein Opferbringen für mich ganz allein für, und die Freiheit, die Du mir geschenkt hast.
Du hattest recht, es besser für mich.

Dein Geliebter

Na . . .,
was machen wa nu, wo gehn wa nu hin. Die Bilder von gestern, die gehn mir nicht aus dem Sinn —
und nicht mal mein kluger Kopf, der setzt sich zur Wehr, na, . . . , und nu müssen wa neu anfangen. Heute weiß ich nicht, hab ich was falschgemacht, weißt du noch Friedhof, Kids should laugh or cry —
Ich glaube, du hast einfach *Recht*. Wir sind keine halbverträumten Toren mehr. Ich noch immer ein bißchen zuviel Löwe, du noch immer die geschickte Fadenspielerin und doch . . . und darauf noch'n Schluck und die Nacht ist so grau und ich liebe dich und ich will auch nicht . . .
Ich lebe im Moment sehr zurückgezogen und die Proben für den Tanzabend am 5. Juni im Theater am Ostwall und viel, viel Lesen nehmen mein Leben ein. Beziehe die Zeit auf Aufnahme der Dinge in meinen Kopf. Gedanken an vieles, Höhen und Tiefen. Gedanken auch an dich, und Altes immer wieder aufgewärmt, falsch, ich muß dich, wir uns, neu sehen, begreifen, ja du hast recht, Abschied von gestern, aber nur von dem verkrampften Gestern. Irgendwie ist es auch gar nicht so einfach, alles neu zu gestalten — meine Gedanken, deine Gedanken — über die Entfernung.

Trotzdem alles Liebe,
ich fühle dich tief.

♥

Liebe . . .
die Kunsthochschule hat mich abgelehnt, ein Zeichen dafür, mich nicht an äußere Sicherheiten zu klammern, der alte strahlende Gerd ist ein Stück gestorben, der neue muß geboren werden.
Auch wenn du mich nicht mehr liebst — ich spüre dich noch immer tief in mir.

In Liebe, die kein Zwang für dich sein soll . . .

Das erste Mal, als wir uns umarmten, war es nicht aus Liebe. Es war Angst und Verbrechen, es war wegen der grausamen Freunde, wegen des Weins und dem Ende von so vielen Hoffnungen.
Die Nacht war einsam und laut, wir waren müde mit heißen Gesichtern, wir wußten alles auf Anhieb. Ich war eisig und aufgekratzt, in mir passierte es, und ich wußte, bei dir nicht.
Einen Monat danach, Ende vom Montag, saßen wir auf den Feldern des Tages, fremd und abwartend. Wie in der Wüste. Und ich sagte, daß es vielleicht noch so ist, als würde ich warten.
Du hast gesagt, daß du daran gedacht hast. Deine Jacke war rot.
Für mich könnte es zu Ende sein, sagte ich, denn ich habe diese alte Medizin genommen.
Den nächsten Morgen wachte ich auf und schrie. Diesen rosigen Morgen. Ich ließ ein paar Tunnel hinter mir, schaute dem Leben ins Gesicht und sogar den Tatsachen. Denn der Kaffee, den du mir brachtest, enger langsamer Raum, half nicht sehr zum Überleben. Du weißt.
Du warst irgendwie weg. Ich starre und bin kalt. Du warst jung, aber out of my place.

❤

(UdSSR)

Ich habe Dich schon lange nicht mehr gesehen. DEINE HÄNDE, und wenn ich flüchte . . .
Ich höre die Stimmen, und wenn Du flüchtest, Dein Mund. Das Licht ist hell. Es ist Sommer. Es gibt keine Stimmen, keine Schritte, die man im Vorbeigehen aus der Straße hört.
Es gibt keinen Lärm der Zerstörung. Ihr Körper, weiß und offen, und sein Wille — ein Vorwurf im Zimmer. Alle Fenster sind offen.

»Dieses Kleid trägst Du gerne«, sagt er, »dieses Kleid mit verbogenen Rändern.«
Ich mag's hören, wenn Du von Deinem Samen sprichst, von meinem Schoß, ich mag's hören, ist es austauschbar? Ich mag, wenn Du darüber redest, und ich will doch dieses Wagnis fliehen.
Meine schönen Lügen kommen zu mir zurück und sagen, Du, Du hast schon immer gelogen, und jetzt sind sie zu Dir zurückgekommen, Deine Lügen zu Dir. Ich weiß es nicht, was hat er mir erzählt, wo es still wurde, woran hat er sich erinnert, damit ich ihn lieben kann.
Ich gehe die leeren Straßen entlang und höre die Stimmen von innen, von Häusern, von Fenstern, und ein Stückchen gehöre ich dazu. Wie kann ich es passieren lassen, daß es entsteht, ohne Angst davor zu haben, was jetzt passiert.
Ich konnte Dich nicht mehr sehen. Deine Hände, die noch warm waren von einem anderen Ort und Haus, sie hätten den Duft der fremden Träume, es wäre mir zu nah, eine fremde Leidenschaft, ein fremdes Begehren. Die Zeit wird langsam, ändert sich, ändert sich, ändert sich . . .

♥

Liebste, (Iran)
heute ist der 17. Januar, und Deinen Brief erhielt ich gestern. Wahrscheinlich fragst Du Dich, warum ich Dir in den letzten 2 Monaten nicht geschrieben habe. Zunächst mußt Du wissen, daß ich Dir schrieb, nachdem ich in Teheran angekommen war, das war Ende Oktober. Dann bekam ich Deinen Brief, den ich nicht beantwortete. Seit dieser Zeit habe ich Dir ein paar Briefe geschrieben, aber sie blieben alle in meiner Schublade liegen. Es war wirklich so, daß ich oft das dringende Bedürfnis hatte, mit Dir zu sprechen, und dann setzte ich mich hin und fing an zu schreiben. Warum ich diese Briefe nicht abschickte, kam so: Ich hab mich gezwungen, Dich zu vergessen, weil ich

dachte (das tue ich noch), daß Du meine Verbindung zu Europa symbolisierst. Und solange diese Verbindung noch existierte, konnte ich mir nicht helfen: Ich vermisste England, Europa und das Leben, das ich dort führte. Ich beschloß also, wenn ich schon leiden muß, dann muß es auch ein Hilfsmittel dagegen geben. Dann beschloß ich, das Hilfsmittel muß sein, in meiner Liebe zu Dir nachzulassen und meinem Begehren. Deshalb schrieb ich nicht, und war doch voller Sehnsucht, Dir zu schreiben und mit Dir zu sprechen.
Es wäre, dachte ich, ein dauernder Streß für mich, von Dir so liebevolle Worte zu hören und Dir ebenso liebevoll zu antworten, ohne Dich anfassen zu können, Deine Hände, Lippen und Deinen Körper zu spüren, und außerdem keine Hoffnung zu haben, so eine Beziehung in Zukunft mit Dir führen zu können.
Du hast nach meiner Familie gefragt. Meine Eltern sind in Bwujerd, wo mein Vater irgendwelche Parties sponsort, um zur Trauerzeit etwas beizutragen. Meine Brüder? Zwei sind zu Hause, der andere, wie Du weißt, weit weg!
Es tut mir leid, daß ich nur so wenig Nüsse und Süßigkeiten schicken kann. Man darf nur Pakete schicken von einem kg, und es ist auch sehr teuer. Leider konnte ich nicht mehr ausgeben. Ich hab Dir was aus Gold gekauft (ich sag nicht, was!), aber ich trau mich nicht, es per Post zu schicken. Ich bring es selbst nach Europa oder gebe es jemand mit. (Schreib nicht wieder, daß ich zuviel tue, Du kennst mich, ich bin ein dummer Typ aus einem Ölstaat = reich!.) Ich weiß, daß ich schon wieder meine Liebe zu Dir in der falschen Weise zeige. Mach Dir nichts draus, kaum ein Liebender stellt sich geschickt an.
Schatz, ich schließe jetzt mit der Hoffnung, bald eine Antwort von Dir zu kriegen. Jetzt ist wenig mehr zu sagen.

Fühl Dich geküßt und geliebt von mir

Liebste, (Chile)
eine Erinnerung: Wir waren im Park, und du sonntest dich in einem blauen Bikini. Hinter dir das Grün der Bäume und Wiesen, dann das Weiß des Holzes, auf dem du saßt, darüber rosa deine Schenkel.
Auf einmal mußt du pinkeln und fragst mit einem schelmischen, herausfordernden Lächeln, ob du's vor mir machen kannst. Ich lächle auch und sage: Klar, aber ich sehe zu. Du stellst deine rosigen Beine leicht auseinander, schiebst das blaue Höschen zur Seite, und dein schwarzes Kreolinnendreieck wird sichtbar. Du ziehst es leicht auseinander, und nun sind auch deine mulattenbraunen Schamlippen und das rosa Innere zu sehen, das quer durch das schwarze Dreieck geht. Im Bogen schießt ein gelber Strahl hervor. Ich muß ihn anstarren, ihn erfühlen, er steht im Mittelpunkt, um ihn kreist alles. Du siehst auf, und unsere lächelnden, durchtriebenen Blicke kreuzen sich. Wie lange das dauert? Zeitlich sicher kurz, aber wir erleben die Zeit ja nach Eindrücken und Empfindungen, und sie dauert so lange wie unsere Erinnerung daran.
Danach wird das Ganze zurückgespult. Erst ist das Gelb weg, dann Pause, es verschwinden die mulattenbraunen Schamlippen und das Rosa darin, und am Ende rutscht das Blau wieder über das schwarze Dreieck. Alles kehrt in die Normalität zurück. Unser Augenblick ist verflogen. Aber er lebt weiter in unserer Zeit, einer Zeit aus gemeinsamen Gefühlen, gemeinsamer Erotik und aus zwinkernd ausgeheckten Kinderstreichen.
(Übersetzung: Monika López)

♥

(Schweiz)
Ebenda / Dank Dir für den Besuch / und die schöne Fahrt. Unsere Nächte werden länger / und in meinem Ofen / brennt zum ersten Mal ein Feuer, / das nicht qualmt.

Mein Pferd wiehert angeschirrt / im Wald, / Sonnenlicht bricht durchs Geäst / Finden wir aufs freie Feld / wird mein Pferdchen / noch lebendiger. Pfus guet
Die Premiere lief nicht schlecht, wir machen weiter.

Grüße . . .

♥

Ich bin unterwegs in Sachen warmer Haut, was bedeutet, mit den Spannungen in Kopf und Bauch umgehen zu müssen. Rund um die Uhr Gedanken — Sehnsüchte, Ängste, Erwartungen. Mit Hoffnung trafen wir einst aufeinander vor geraumer Zeit. Jetzt, wo wir voneinander wissen, trennen wir uns mit Hoffnung? Ich wollte dir einfach nur kurz danken, auch auf die Gefahr hin, daß du's im Moment nicht verstehst.

♥

Liebe . . .!
Ich hoffe, daß Dich dieser Brief noch vor Deiner Abreise erreicht. Mit diesem Brief möchte ich mich nochmals für Deinen Besuch bedanken, weil ich mich aus mehreren Gründen sehr darüber gefreut habe. Na, Dich überhaupt wiederzusehen und mich mit Dir zu unterhalten.
Ich finde es traurig, aber wahrscheinlich unabänderlich, daß es zwischen uns unüberbrückbare Differenzen gibt.
Deine Gefühle nach dem Wiedersehen werden etwas überschattet von dem nicht gerade glücklichen Abschied. Ich möchte nicht, daß Dir dies das Wiedersehen im Endeffekt vermiest hat.
Darum möchte ich mich für mein vielleicht falsches momentanes Verhalten entschuldigen. Hätte ich Dich Sonntag das erste Mal gesehen, hätte ich wohl jetzt von Liebe auf den ersten Blick bei mir gesprochen. Aber wir kennen uns nun sieben Jahre, und Gefühl und Ratio sind nun mal zwei verschiedene Dinge.

Ich weiß nicht, ob es Dir etwas bedeutet, aber ich bin stolz darauf, Dich vor sieben Jahren kennengelernt zu haben.

Für Dein großes Unternehmen wünsche ich Dir jetzt nur den besten Erfolg.

♥

Brief!!!

Neues Gefühl zu leben, mit dem Wissen, Dir weh zu tun. Das Gefühl, daß mir die Eingeweide platzen und mein Herz zerspringt. Wieder das Gefühl, neu zu leben. Mehr Kraft zu brauchen.

Ich quetsche meine Eingeweide zusammen, verschnüre sie, presse mein zerstückeltes Herz zusammen und packe beides in eine Plastiktüte — nehme sie in die Hand und versuche damit, meinen neuen Weg zu gehen.

Bäh!!!

♥

Lieber . . .

Verzeihe mir! Der Bumerang, den ich nach dir warf, kam auf mich zurück. Ich lebe noch, aber ich scheine zu verbluten. Bist du noch da — für mich? Kann man dich einmal sprechen, etwas lesen? Bist du noch auf der Suche? Ich würde mich freuen, von dir zu hören, dir wünschen, daß du glücklich bist oder zufrieden, und ohne die Hoffnung in den finsteren Tälern zwischen herrlichen Bergen aufzugeben. Vielleicht habe ich einen großen Fehler gemacht, rein menschlich gesehen oder moralisch, dich verloren zu haben. Ich darf nichts mehr verlangen von dir — nur eins: Vergib mir — ich versteh dich jetzt.

Spätestens bei Gott sehen wir uns wieder — vielleicht, und das liegt auch in seinem Willen, früher.

P.S. Wenn Gott mir meinen Gatten nicht zurückführt . . . bin auch ich allein.

Du,

lose Zwecke oder schöne Verwehung?

Die Kugeln an den Platanen warten auf Kundschaft. Meist kommt nur der Wind, aber manchmal komme auch ich.

Ich und du, wir schlüpfen schnell in Kinderschuh und laufen alten Blättern nach. Die fangen wir dann nach Jahr und Tag, stecken die schönen ins Flatterhaar und stecken die anderen schief im Mund.

Da drüben stehen Mann und Frau, natürlich ungenau, so stehen unsere Chancen auch.

Du, die ich anspreche, du verblutest deinen Sand in mich. Seitdem schmerzen meine Gelenke und du bist biegsam.

Wir schaukeln gern am Baumelband. Doch jetzt, nach langen Trancen, steig ich aus deiner Hand, zum Dank.

Durch blaugetönte Gläser liebe ich dich — oder deine Schwester. Hinter deinen Schilfhecken forme ich meine Hände.

Sechs Bankiers schauen väterlich auf deinen goldenen Ohrring. Sie lachen und tanzen die Klippen hinab, klipp klapp, klipp klapp, schöne Ruinen.

Mein armer Schatten rennt über deine Dünen. Doch nachts rolle ich die Hänge entlang in meines Versagens Frische.

Endlich entschieden . . .

Nie haben wir uns getroffen, nie getrennt.

Ich liebe dich sehr.